英語を何年間も勉強しているのに……

- 英語が話せない
- 英語の会話が弾まない
- 英語でのコミュニケーションが苦手
- 英語で何を話せばいいのかわからない

というあなたに、いますぐ使える

会話が〜
英語〜ール

をご紹介〜

こんなことありませんか?

あなたはこんな場面で雑談できなくて
困ったことはありませんか?

海外で

パーティーで
話が弾まず気まずい……

席が隣り合った人と
おしゃべりできず
居心地が悪い……

現地スタッフと
会話ができずつまらない……

街中で外国人観光客と
話が弾まずビミョーな空気に……

会話の中に入れない……
（会社や学校などで）

商談で雑談できず焦ってしまう……

英語で雑談できると こんないいことが！

1 英語が 話しやすくなる！

ガチガチに緊張していると英語が話せないどころか、そもそも話しにくい！（日本語でもそうですよね）その場の空気があったまれば、断然話しやすくなります！

2 相手と 仲良くなれる！

打ち解けた雰囲気になれば、いろいろ話せるので、相手との距離が縮まります。

③ 英語力が上がる！

話が弾めば、ネイティブの「生」の英語にたくさん触れることができるので、表現力や語彙がアップします。

④ 印象が良くなる！

会話が弾んで、楽しい時間を一緒に過ごせれば、あなたの印象がぐっと良くなります。何かお願い事をするのも、印象が良ければ聞いてもらいやすくなります。仕事もプライベートもいろいろスムーズになるウラワザです。

⑤ 人脈も世界も広がる！

楽しい時間を過ごせる人と仲良くなりたい、一緒に時間を過ごしたいと思うのは誰も同じ。いろんな人と会話が盛り上がれる人は、人脈がどんどん広がります。そして、世界が広がります！

この本では、
「英語の雑談が苦手」
という人でも
自信を持って話せるようになる
とっておきの秘けつを
基本的なテクニックごとに
18のルールにまとめています。

こんなときに使ってください

日本で

- 飛行機で外国人と隣り合ったときに
- 街中で出会った外国人観光客と
- 外国人と食事をするときに
- パーティーでゲストと

海外で

- 移動中のタクシーで
- レストランでソムリエと
- 買い物中に店員さんと
- ツアーで一緒になった外国人と
- ホテルのコンシェルジュと
- 海外出張でのビジネスランチで
- 海外支店のスタッフとの懇親会で
- 留学中にクラスメイトと
- ホームステイ先の
  ファミリーとの団らんに など……

本書の使い方

単語やフレーズをいくら覚えても、英会話が苦手……。
その問題は、雑談のコツを知るだけで解決できます！
知識として眠っている英語力を目覚めさせるのが、本書。
「雑談力」が上がると「英語力」もアップしますよ。

ルールと説明

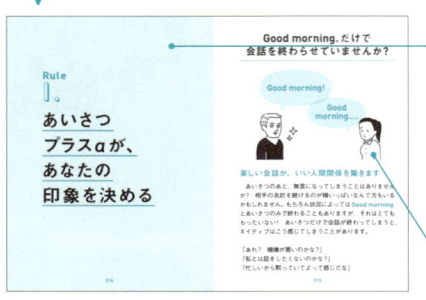

雑談のコツは、実は「聞き上手」さ。難しい構文や単語を駆使して、自分から英語を話す必要はありません。相手から話を引き出したり話を広げるための、押さえておきたいルールを紹介します。

日本人が陥りがちな失敗シーンを、会話例を交えて解説します。会話が止まる、相手が不快になるなどの失敗の原因を確認しましょう。

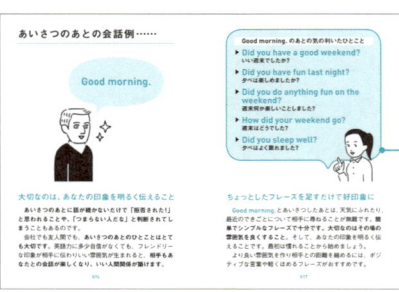

失敗の原因がわかったら、気になるのは「ネイティブだったらどう返すか」。そこで、ネイティブが使うお手本フレーズを紹介します。

会話例

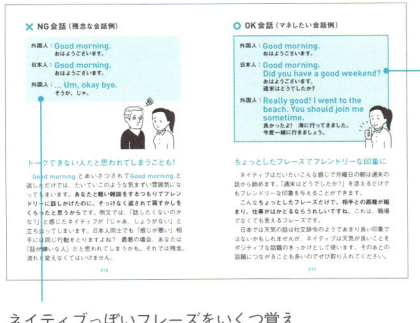

雑談が成功するコツを、OK会話例を使って具体的に紹介します。例文のように、中学校レベルの英語力でも、リズムよく会話することが重要です。

ネイティブっぽいフレーズをいくつ覚えても、「間」や流れを間違えると話は弾みません。そんな「落とし穴」をNG会話例に沿って説明します。

雑談フレーズ

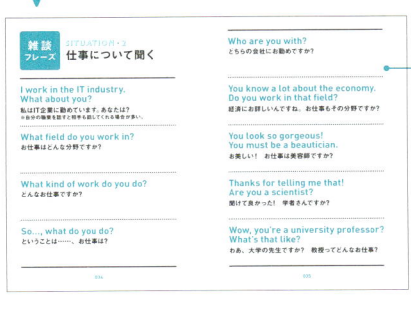

相手や話題によって、雑談の盛り上げ方は変わります。そこで、シチュエーションごとに9つのフレーズを掲載。

※印のマメ知識もぜひ覚えて!

会話がとぎれない
英語の雑談 18のルール

Rule 1.	あいさつプラスαが、あなたの印象を決める	014
Rule 2.	好感の持たれる質問の仕方	026
Rule 3.	盛り上がるテッパン話題は、「スポーツ」と「トレンド」	038
Rule 4.	パーティーでは、ポジティブでフレンドリーな人になりきる	048
Rule 5.	うまい前置きが、場を盛り上げる	060
Rule 6.	初対面でも盛り上がる、「名前」「場所」「家族」の話題	070

Rule 7.	「ニッポンの日常風景」が、日本人の切り札になる	082
Rule 8.	外国人が喜ぶ、「イマドキ日本ガイド」	094
Rule 9.	会話の盛り上がりは、リアクションが握っている	104
Rule 10.	雑談中は、なにはなくても相手をほめるのが鉄則	114
Rule 11.	好かれる人は、ほめられたら自虐ネタで返す	124
Rule 12.	興味津々、ちょっと役に立つ「マメ知識」	134
Rule 13.	空気を変える「魔法のひとこと」	144

Rule 14. 相づちで、相手の話をどんどん引き出す 154

Rule 15. 会話をどんどん拡げる「3A」メソッド 166

Rule 16. いやーな空気はポジティブに 178

Rule 17. 連想ゲームで、会話を盛り上げ拡げる 188

Rule 18. インタビュアーになりきって、雑談をワンランクアップ 198

さあ、さっそく

英語の雑談 18のルール

をチェックしましょう!

Rule

01.

あいさつプラスαが、あなたの印象を決める

Good morning. だけで 会話を終わらせていませんか?

Good morning!

Good morning....

楽しい会話が、いい人間関係を築きます

　あいさつのあと、無言になってしまうことはありませんか?　相手の名前を続けるのが精いっぱいなんて方もいるかもしれません。もちろん状況によっては Good morning. とあいさつのみで終わることもありますが、それはとてももったいない!　あいさつだけで会話が終わってしまうと、ネイティブはこう感じてしまうことがあります。

「あれ?　機嫌が悪いのかな?」
「私とは話をしたくないのかな?」
「忙しいから黙っていてよって感じだな」

あいさつのあとの会話例……

Good morning.

大切なのは、あなたの印象を明るく伝えること

　あいさつのあとに話が続かないだけで「拒否された!」と思われることや、「つまらない人だな」と判断されてしまうこともあるのです。

　会社でも友人間でも、**あいさつのあとのひとことはとても大切**です。英語力に多少自信がなくても、フレンドリーな印象が相手に伝わりいい雰囲気が生まれると、**相手もあなたとの会話が楽しくなり、いい人間関係が築けます。**

Good morning. のあとの気の利いたひとこと

▶ **Did you have a good weekend?**
いい週末でしたか?

▶ **Did you have fun last night?**
夕べは楽しめましたか?

▶ **Did you do anything fun on the weekend?**
週末何か楽しいことしました?

▶ **How did your weekend go?**
週末はどうでした?

▶ **Did you sleep well?**
夕べはよく眠れました?

ちょっとしたフレーズを足すだけで好印象に

　Good morning. とあいさつしたあとは、天気にふれたり、最近のできごとについて相手に尋ねることが無難です。**簡単でシンプルなフレーズで十分です。大切なのはその場の雰囲気を良くすること**。そして、あなたの印象を明るく伝えることです。最初は慣れることから始めましょう。
　より良い雰囲気を作り相手との距離を縮めるには、ポジティブな言葉や軽くほめるフレーズがおすすめです。

✕ NG会話（残念な会話例）

> 外国人：**Good morning.**
> おはようございます。
>
> 日本人：**Good morning.**
> おはようございます。
>
> 外国人：**... Um, okay bye.**
> そうか、じゃ。

トークできない人だと思われてしまうことも！

　Good morning.とあいさつされてGood morning.と返しただけでは、たいていこのような気まずい雰囲気になってしまいます。**あなたと軽い雑談をするつもりでフレンドリーに話しかけたのに、そっけなく返されて肩すかしをくらったと思うから**です。例文では、「話したくないのかな?」と感じたネイティブが「じゃあ、しょうがない」と立ち去ってしまいます。日本人同士でも「感じが悪い」相手には同じ行動をとりますよね？　最悪の場合、あなたは「話が嫌いな人」だと思われてしまうかも。それでは残念。流れを変えなくてはいけません。

⭕ OK会話（マネしたい会話例）

> 外国人：**Good morning.**
> おはようございます。
>
> 日本人：**Good morning.**
> **Did you have a good weekend?**
> おはようございます。
> 週末はどうでしたか？
>
> 外国人：**Really good! I went to the beach. You should join me sometime.**
> 良かったよ！　海に行ってきました。
> 今度一緒に行きましょう。

ちょっとしたフレーズでフレンドリーな印象に

　ネイティブはだいたいこんな感じで月曜日の朝は週末の話から始めます。「週末はどうでしたか？」を添えるだけでもフレンドリーな印象を与えることができます。

　こんな**ちょっとしたフレーズだけで、相手との距離が縮まり、仕事がはかどるならうれしいですね**。これは、職場でなくても言えるフレーズです。

　日本では天気の話は社交辞令のようであまり良い印象ではないかもしれませんが、ネイティブは天気が良いことをポジティブな話題のきっかけとして使います。そのあとの話題につながることも多いのでぜひ取り入れてください。

SITUATION・1
天気の話

Did you hear the thunder last night?
夕べのカミナリは聞こえましたか?

I heard there's a typhoon coming.
台風が来ているそうですね。

I hope it doesn't snow today.
今日は雪が降らないといいですが。

It feels like spring is finally here.
ついに春到来って感じですね。

Looks like a nice day!
天気が良さそうだね!

It's really nice weather, isn't it?
とってもいい気候ですね。

Nice day, huh?
気持ちのいい日ね。

I heard it's going to rain this afternoon.
今日は午後から雨が降るらしいよ。

I hope it doesn't get too hot today.
今日はあまり暑くならないといいけど。

雑談フレーズ

SITUATION・2
近況を聞く
スケジュールの話

What are your plans for this week?
今週のご予定は?

....

Are you pretty busy this week?
今週は忙しいですか?

....

That week went so quickly.
1週間があっという間に過ぎてしまいますね。

....

I can't wait for the weekend.
週末が待ち遠しいですね。

The three-day weekend starts tomorrow.
明日から三連休ですね。

It's going to be payday soon.
もうすぐ給料日ですね。

The month is almost over.
もう今月も終わりですね。

The new year is almost here.
もうすぐ新年度の始まりですね。

March is always busy.
年度末は忙しいですよね。

SITUATION・3
体調について聞く

Are you feeling okay?
体調はいかがですか?

You're looking ready to go!
元気そうですね。

You're kind of busy lately.
最近バタバタしているそうですね

I heard there's a cold going around.
風邪が流行っているそうですね。

Hay fever season is here.
花粉症の季節がやってきましたね。

....

It's easy to get sick when the seasons change.
季節の変わり目は体調を崩しやすいですよね。

....

Did you sleep well last night?
昨夜はぐっすり眠れましたか?

....

Did you work overtime last night?
昨夜は残業ですか?

....

Is the summer heat getting to you?
夏バテしてませんか?

Rule
2.
好感の持たれる
質問の仕方

初対面で What's your name? と聞いていませんか?

まずは自分から名乗りましょう

　海外ドラマの一場面では「君、名前は?」といきなり聞くシーンもありますが、これはスレたキャラクターが演じる「悪いマナー」。**名前はまず自分から名乗るのが鉄則**です。これから大事な人間関係を築きたいのであれば、まずは自分から名乗るようにしましょう。

　フレンドリーに自己紹介をすることは大切ですが**「カジュアルな雰囲気」**と**「悪いマナー」**は別物です。それをはき違えると第一印象が悪いだけでなく、ビジネスの場面ではチャンスを逃すことも。ですから、相手に好印象を与える自己紹介を心がけてください。

初対面の人との会話例……

自己紹介のカナメは相手に話させること

　日本語でも同じですが、話し上手は**「相手に話させる」ことがとても上手です**。人間は、自分に興味を示してくれた人に対して、とても好感を持つからです。
　掘り下げた難しい話ができるか自信がなくても、「おしゃれだからファッション関係?」とか「博学だから学者さん?」と、相手が気持ち良くなる聞き方で仕事のことや専門分野を尋ねてみましょう。

Hi!のあとの気の利いたひとこと

▶ **I'm a student. ...And you?**
私は学生です。……あなたは?

▶ **You look so stylish. You must work in the fashion industry.**
オシャレですね。
お仕事はファッション関係ですか?

▶ **You know a lot about the economy. Are you a university professor?**
経済にお詳しいですね。
学者さんですか?

ほめ上手が会話上手への近道です

　自分から名前や職業、肩書を名乗ることの**次にポイントとなるのは、相手をほめること**。出会って間もないのに自分のことを理解してくれた、その上センスがいいと言ってくれる相手には、誰でもうれしくなり好感を持つからです。
　とはいえ、ウソや知ったかぶりは不要です。詳しくない話題が出たら「新しいことを教えてもらおう」とどんどん質問しましょう。雑談の幅も広がり会話力も上がりますよ。

✖ NG会話（残念な会話例）

> 日本人：**Hi. What's your name?**
> やあ、名前は何？
>
> 外国人：**Um...Why do you want to know?**
> う〜ん……なんで聞くの？
>
> 日本人：**I just wanted to introduce myself....**
> 自己紹介しようと思ったんだけど……。
>
> 外国人：**Well, what's YOUR name?**
> じゃあ、「アンタ」の名前は何なの？
>
> 日本人：**Hiro Suzuki....**
> スズキヒロだけど……。

自分のことを話せば、相手も教えてくれます

　自分が名乗る前に相手に名前を聞いたためぶしつけな人に思われて名前を教えてもらえなかった上、**What's YOUR name?**（アンタの名前は？）と言われてしまいました。この**YOUR**は強調表現で、文中で一番強く言っていることを表します。不快感を込めて「人に聞く前に自分から名乗りなさい」というニュアンスが含まれています。**聞きたい情報はこちらから話せば、相手も合わせて教えてくれます**。それが英会話のマナーです。

⭕ OK会話（マネしたい会話例）

> 日本人：**Hi, I'm Hiro, Hiro Suzuki.**
> やあ、私はヒロ。スズキヒロです。
>
> 外国人：**Oh, hi! I'm Sally Johnson. Just call me Sally.**
> おお、こんにちは！
> 私はサリー・ジョンソンよ。サリーって呼んで。
>
> 日本人：**You look so stylish. You must work in the fashion industry.**
> オシャレですね。
> お仕事はファッション関係ですね？
>
> 外国人：**Thank you. Yes, I do. What about you?**
> ありがとう。そうなんです。あなたは？

「リズミカルに」親しみやすさを演出して

　いったんファーストネームで切り、そのあとフルネームを続けるリズムは「フルネームはHiro Suzukiですけど、あなたはHiroって呼んでいいですよ」というニュアンスで、フレンドリーさを演出できるテクニックです。

　最初の自己紹介で良い空気をつかめれば相手もあなたを好意的に受け止め、「私のことはサリーと呼んで」とニックネームを教えてくれたり、仕事や趣味の話など会話を深める質問をしても気持ち良く答えてくれるはずです。

SITUATION・1
趣味の話を引き出す

What do you do in your free time?
休みの日は何をしているの?

......

What do you do to keep from getting bored?
何か夢中になっていることってある?

......

What kind of off-work things do you like to do?
仕事のないときはどんなことをしているの?

......

What kind of activities do you do?
何か講座とか取っているの?

Do you do anything special on weekends?
週末は何かやっていますか?

What do you do for fun?
何か楽しいことやっている?

Do you do any sports?
スポーツをやっていますか?

Are you into any sports?
熱中しているスポーツってありますか?

Do you have any hobbies?
ご趣味は何ですか?

雑談フレーズ

SITUATION・2
仕事について聞く

I work in the IT industry. What about you?

私はIT企業に勤めています。あなたは？
※自分の職業を話すと相手も話してくれる場合が多い。

What field do you work in?

お仕事はどんな分野ですか？

What kind of work do you do?

どんなお仕事ですか？

So..., what do you do?

ということは……、お仕事は？

Who are you with?
どちらの会社にお勤めですか?

You know a lot about the economy. Do you work in that field?
経済にお詳しいんですね。お仕事もその分野ですか?

You look so gorgeous! You must be a beautician.
お美しい! お仕事は美容師ですか?

Thanks for telling me that! Are you a scientist?
聞けて良かった! 学者さんですか?

Wow, you're a university professor? What's that like?
わあ、大学の先生ですか? 教授ってどんなお仕事?

雑談フレーズ

SITUATION・3
センスをほめる

Your necktie is really unique! I like it!
あなたのネクタイ、すごく個性的! ステキですね!

....

What an interesting shirt!
変わったシャツですね!

....

I like your necklace.
It looks perfect on you.
いいネックレスね。とってもお似合いです。

....

You're looking really stylish tonight!
今夜はとってもオシャレですね!

Your hair looks nice!
ステキな髪だわ!

I like your new hair style.
髪型変えたの、いいですね。

That looks like a nice bag. Where did you get it?
いいバッグですね。どこで買ったんですか?

How do you keep so young? What's your secret?
どうしてそんなに変わらないの?
秘けつは何ですか?

You haven't changed at all!
全然変わらずお若いですね!

Rule 3.

盛り上がる テッパン話題は、 「スポーツ」と 「トレンド」

詳しくない話題に I don't know. と答えていませんか？

> What kind of sports do you like?

> I don't know.

鉄板トークはスポーツ、トレンド、イベント

　ネイティブの一般的な話題は、まずスポーツです。観戦に行かなくても、ニュースから情報が得られるので詳しくないからと尻込みせず、会話に入っていきましょう。

　たとえば、米国では Which team do you support?（どのチームを応援していますか？）などの切り口から会話が始まるものです。特に応援しているチームがなくても Nothing in particular, but I play baseball in local team.（特にないけど、地元で草野球をしています）と言えば会話が広がります。好きなスポーツがなければ、選手について話すなど工夫して。

スポーツの会話例……

> **What kind of sports do you like?**

よく知らない話は、相手から話を引き出して

　スポーツに限らず、詳しくないトピックをふられることもあるでしょう。そこでも「わかりません」だけで黙り込んではいけません。**I don't really know...**（よく知りませんが……）のあとには、**but you seem to know a lot about it.**（あなたは詳しそうですね）や、**Is it popular in your country?**（あなたの国では人気がありますか?）と続け、相手が話すように促しましょう。

I don't know. 以外の気の利いたひとこと

▶ **Nothing in particular, but I play baseball in local team.**
特にないけど、地元の草野球で楽しんでいます。

▶ **I wanted to be a professional baseball player, so I tried my best up until high school.**
私はプロ野球選手になろうと思って、
高校まで頑張りました。

▶ **I don't play any sports, but I'm a big fan of ABCs.**
自分では何もやりませんが、
熱狂的なABCチームのサポーターです。

トレンドやイベントの話題もおすすめです

　スポーツのほかにも、流行の商品や新情報、イベントの話題も盛り上がります。California-style juice is really popular, isn't it?（カリフォルニアスタイルのジュースが人気ですね）など、身近な話でOKです。ネイティブは人と一緒に楽しむことが好きなので、「今度一緒に飲もう」と誘ってもいいですね。人間関係を広げるきっかけとなるので、どんな話題にも積極的に応じるスタンスが大切です。

❌ NG会話（残念な会話例）

外国人：**What kind sports do you like?**
どんなスポーツが好きですか？

日本人：**Hm, I don't really know much about sports.**
う〜ん、私はよくわからないです。

外国人：**You must have played some sports when you were younger, right?**
子どもの頃にやっていたスポーツはあるでしょう？

日本人：**Well, I was in the tennis club....**
ああ、テニス部に入っていましたけど……。

よく知らない話は聞き手にまわろう

どんなスポーツが好きかは、テレビ観戦が好きな程度でも話しやすいので、初対面でよく聞かれる話題です。スポーツに興味がない場合は **I'm terrible at sports, so I don't do anything.**（自分は下手なので運動しないんだけど）と前置きしたあと **But what about you?**（あなたは何かしている？）や、**Are there any new sports?**（何か新しいスポーツある？）と聞いて、聞き手に徹しましょう。

○ OK会話（マネしたい会話例）

> 外国人：**What kind of sports do you like?**
> どんなスポーツが好きですか？
>
> 日本人：**Well, I don't know a lot about it, but I played tennis when I was a student.**
> 詳しくはないけど、
> 学生時代にテニスをやっていましたよ。
>
> 外国人：**Ah, so I guess you're a Nishikori fan, right?**
> じゃあ、錦織を応援しているでしょ？
>
> 日本人：**Of course! He's awesome! Hm, maybe I should take up tennis again.**
> もちろんです！　彼はいい！
> 私もそのうちテニスをまたやろうかな。

ささいなことでも話題に乗ってみよう

　あまり詳しくない話題をふられて悩んだ場合は、このように過去の話をするだけでも会話は広がります。相手がそれにかぶせてスター選手の話を引き出してくれたように、さまざまな引き出しからトピックを探してみましょう。

　偶然にも趣味が同じであれば、特定の選手の話もできますし、一緒にプレイする楽しみもできますよね。雑談から人間関係が深まれば理想的ですね。

雑談フレーズ

SITUATION・1
スポーツについて

Do you follow any sports?
何か好きなスポーツある?

....

Are you a fan of any teams?
どこか応援しているチームはありますか?

....

I go jogging around the Imperial Palace twice a week.
皇居のまわりを週2回はジョギングしています。

....

Which brand of running shoes do you recommend?
どのブランドのランニングシューズがおすすめですか?

I've taken up rock climbing recently.
最近ロッククライミングを始めたんです。

Have you ever tried ice skating?
アイススケートをやったことありますか？

I'm glued to my TV every evening during the season.
シーズン中は毎晩TVで観戦していますよ。

Japan is getting stronger at rugby.
日本のラグビーが強くなっています。

I heard that basketball is going to be a new Olympic sport.
バスケがオリンピック競技に加わりそうですね。

雑談フレーズ

SITUATION・2
トレンドについて

Have you tried the newest ice cream flavor?
アイスクリームの最新フレーバー食べてみた？

I heard that a new smartphone model will be released next year!
新しいスマートフォンが来年出るらしいね！

Which low cost carrier (LCC) do you think is the best?
どの格安航空会社（LCC）がベストかしら？

Have you signed up for online movie streaming yet?
映像ストリーミングサービスに登録した？

That new robot is amazing.
あの新しいロボット、すごいね。

Did you hear that your favorite actor got married!?
あなたの大好きな俳優が結婚したって知ってる!?

I can't wait to see that new science fiction movie!
例の新しいSF映画を見るのが待ち遠しい!

What do you think about smartwatches?
スマートウォッチ、どうだい?

I'm looking forward to next year's historical drama.
来年の大河ドラマを楽しみにしてるの。

Rule 4.

パーティーでは、ポジティブでフレンドリーな人になりきる

緊張して「....」と無言になっていませんか?

> Thanks for coming.

> ....（無言）

ポジティブ人間に徹しよう!

　パーティーが苦手という人がいますが、それは人と上手に話せるだろうかと心配し過ぎてしまうからではないでしょうか?　英語力や雑談力に自信がないと、多少緊張するのは仕方がないこと。でも、あれこれ考えて暗い表情で黙り込んでいるよりも、にこやかな表情とポジティブなフレーズで明るくふるまいましょう。

　明るい言葉と表情は、人を引きつけます。無理してはしゃぐ必要はありませんが、否定的な表現を避けることと、気持ちのいい雑談が続くよう、簡単な単語やフレーズを使ってリズムよくトークすることを心がけましょう。

パーティーでの会話例……

> **Thanks for coming.**

出会えた うれしさを言葉と表情で表して

　パーティーで人に会ったら、何て話しかけますか？
定番は **I'm glad to see you.**（会えて良かった）の類いの
あいさつですよね。でも、たまには違う言い回しもしてみ
ましょう。開口一番、**Wow, you look so nice!**（わあ、
すごくステキね!）なんて言うのも良いですね。そう言わ
れたら、相手も気持ちがいいはずです。すかさず相手の近
況を尋ねるなど、自分からフレンドリーに接しましょう。

....(無言)にならない気の利いたひとこと

▶ **I'm glad to see you.**
会えて良かった。

▶ **Wow, you look so nice!**
わあ、すごくステキね!

▶ **I'll save a seat for you.**
席を取っておくね。

▶ **Can I get you anything?**
何か持って来ましょうか?

気遣いの言葉を活用して印象アップ

　最初のあいさつでフレンドリーさを演出したら、**次は積極的に動くことがパーティーを楽しむ秘けつです。I'll save a seat for you.**（席を取っておくから）と席をすすめたり、**Can I get you anything?**（何か持って来ましょうか?）と話しかけて、飲み物や食べ物を取ってきてあげましょう。あなたが相手と会話を楽しみたいと思っていることが伝わるので、リラックスしたいい会話につながるでしょう。

✖ NG会話（残念な会話例）

日本人: **This party is fun, but it's a little too crowded.**
このパーティーは楽しいけど、人が多過ぎるわ。

外国人: **That's true. You don't like it?**
そうですね。あなたは気に入らない？

日本人: **Well, not very much. It's a little tiring.**
うん、あんまり。疲れてしまいますよね。

外国人: **Sorry. I didn't expect this many people to come.**
悪かったわね。こんなに人が来るとは思わなかったのよ。

ネガティブなコメントはご法度です

　せっかくパーティーに招いてもらったのに too crowded（混み過ぎ）なんて発言をしたら、相手も不愉快になるでしょう。グチる態度も良くないですが、この場合の一番の失敗は、**この時間を「楽しい」と感じていることをポジティブな表現で伝えられなかったこと**です。

　パーティーの主催者当人に限らず、パーティーを楽しんでいる招待客にも、このようなネガティブなコメントは言わないようにしましょう。楽しい気分を台無しにされたら、誰だっていい気はしません。

● OK会話（マネしたい会話例）

日本人：**This is a really fun party!**
すごく楽しいパーティーね!

外国人：**I planned the party last week, but I should have done it this way.**
先週のパーティーは私が企画したんだけど、こんな感じにやればよかったな。

日本人：**The party last week was pretty fun too.**
この間のもすごく楽しかったよ。

外国人：**Thanks!**
ありがとう!

明るさと気遣いがよい人間関係を築きます

　まずは、今の状況を「楽しい!」と素直に表すことが大切です。funな気持ちはストレートに伝えましょう。ポジティブな言葉を聞けば、誰でも気持ちが良くなります。

　会話の相手が、自分が主催したパーティーの反省をもらすなどネガティブな話題を始めたら、The party last week was pretty fun too.（先週のパーティーもすごく楽しかった）と気遣いの言葉を言ってあげましょう。そのひとことで相手は救われた気分になりますし、あなたの明るさと気遣いに感謝し、いい人間関係につながるでしょう。

雑談フレーズ

SITUATION・1
パーティーで人を歓迎する

Thanks for coming all this way.
遠いところを来てくれてありがとう!

....

It's good to see you here.
ここであなたに会えるとはうれしいです。

....

I'm glad you could make it.
あなたが来られて良かった。

....

Hi, we've been waiting for you.
やあ、お待ちしてましたよ。

We've been looking forward to seeing you.
会えるのを楽しみにしていました。

I'm glad to see a familiar face!
なじみの顔に会えて良かった!

You made it! Thanks!
間に合ったね! ありがとう!

It's really great to have you.
来てくれて本当にうれしいよ。

I was worried that you couldn't make it.
来られないんじゃないかと気になっていたんだよ。

雑談フレーズ

SITUATION・2
ポジティブな会話で明るく

Hey, you did a great job planning the party!
やあ！ このパーティーの企画すごくいいよ！

....

Everything looks really stylish.
どれもすごくセンスがいいね。

....

It looks like we're going to have fun.
楽しくなりそう。

....

Wow, you look so nice today!
わあ、あなたとってもステキよ！

I'm glad to see your smile again!
また君の笑顔を見られてうれしい!

I'm really glad I came.
呼んでもらえてすごく良かった。

This is going to be a lot of fun!
今夜は盛り上がりそうだね!

I'm looking forward to the entertainment.
出し物が楽しみです。

I can't wait!
わくわくしてるよ!

雑談フレーズ

SITUATION・3
印象が良くなる気遣いフレーズ

What a nice room! Let's go inside!
ステキな部屋ですね！　入りましょう！

....

Why don't we sit together?
座りませんか？

....

You can sit with us, if you'd like.
よかったら、私たちと一緒に座ろうよ。

....

Let me get you a drink!
ドリンクを取ってくるね！

How about a drink?
飲み物はどう?

Would you like me to get you some food?
食べ物を取って来ましょうか?

Everything is delicious, isn't it?
どれもおいしいですね。

Wow, this is a great steak!
わあ、このステーキおいしい!

Why don't we have some dessert?
デザートいっちゃう?

Rule 5.

うまい前置きが、場を盛り上げる

唐突に話を
始めていませんか？

I'm thinking about....

I need to leave in five minutes.

会話は生き物。絶妙な「間合い」で雑談上手に

「言いたいことがうまく英語にできなくて……」
　会話ベタの人が、よくこう言って相談にやってきます。確かに語彙力や文章力があったほうが豊富な表現ができるので有利かもしれません。でも、その前に**「会話は生き物」「会話は呼吸」**だということを忘れていませんか？
　書類やメールのように文字で表現するのとは違って、口語では相手に伝えるタイミングや間のとり方でもこちらの意図が伝わります。気軽にやりとりをしても大丈夫なのです。英語の勉強とともに、**相手の気持ちを損ねることなく会話が成立する「間」の使い方をマスターしましょう。**

うまく切り出す会話例……

> I'm thinking about....

唐突に話し始める前に、ひと呼吸おいて

　「えーっと……」などの間投詞がつくだけでも、相手はそのあと話が続くとわかって待ってくれます。

　会話は生き物なので、**一番大切なのは会話をとぎれさせないこと**。ちょっと考え込むときや、答えに窮するとき、とっさに単語が出て来ないときは、便利な言葉 **Um**（う〜ん）を使いましょう。ボキャブラリーを増やすとともに、こういった**会話の呼吸やテンポを身につけることも大切**ですよ。

I need to leave in five minutes. の前の気の利いたひとこと

- **Um....**
  う〜ん……。

- **Hey.**
  ねえ。

- **Ah....**
  えーっと……。

- **Oh, by the way....**
  ところで……。

いい話は、特別な「あのね」で始めて

また、**Guess what?**(これから私が何を言うかあててみて?)や**Did you hear?**(これから話すことを知ってる?)など、話をする前につけ加えると**相手の興味がぐんと増したり、あなたの話をより印象強くさせる言葉**もあります。相手に期待を持たせるニュアンスを含みつつ、いずれも「あのね」くらいの感じで使えます。**Guess what?** と言われたら、必ず **What?** と返すようにしましょう。

✕ NG会話（残念な会話例）

> 外国人：**I'm thinking about moving to Spain next year...and so....**
> スペインへ移住しようかと思っていて……それでね……。
>
> 日本人：**I need to leave in five minutes.**
> 5分後に出なきゃ。
>
> 外国人：**Well, okay. Grr....**
> あっそう、う〜。（怒っている）
>
> 日本人：**Did I say something wrong?**
> 何か変なこと言った？
>
> 外国人：**I was in the middle of talking.**
> 今話しているのに。（話をさえぎるなよ！）

間をつなぐ言葉がないだけでトラブルにも

　外国人が自分のことを話し始めたときに、自分は5分後にその場を去らなければならないことに気づきました。でも、なんと切り出せばよいかわからないからと、突然「もう行かなきゃ」と言ったら、相手が怒るのも当然ですよね。
　何の前置きもせずに自分の都合を話し出したために、こんなに失礼な印象を与えてしまってはとても残念。では、どんな言葉が必要だったのでしょうか？

◯ OK会話（マネしたい会話例）

外国人：**I'm thinking about moving to Spain next year...and so....**
スペインへ移住しようかと思っていて……それでね……。

日本人：**Oh, by the way, I have to leave in five minutes.**
ああ、せっかくだけど、5分後に出なきゃ。

外国人：**Oh, okay. And so I'm going to start studying Spanish.**
ああ、そうか。でね、スペイン語を習おうと思ってるんだ。

日本人：**That's great!**
すご〜い!

「つなぎ言葉」ひとつで印象が変わります

　Oh, by the way（ところで）と前置きしたことで、相手は自分の話を邪魔されたとは思いませんでした。
　by the wayは話題を変えるときだけではなく、急にその場を去らないといけないなど、相手の話を遮るときにもよく使われる言い回しです。このひとことで「悪いけど」の気持ちが伝わるので相手は気分を害しません。ただし、すぐに本題を伝える必要があることを忘れないでください。

雑談フレーズ

SITUATION・1
驚きのニュースを期待させるフレーズ

Did you hear the good news?
いいこと聞いちゃったんだけど知ってる?
※**No, what happened?** と返すのが一般的

....

Can you guess what happened to me?
私に何が起こったかわかる?
※**No, tell me.** と返すのが一般的

....

You know what?
あのさ。
※**What?** と返すのが一般的

....

Say....
ねえ……。
※**What?** と返すのが一般的

Wanna know what I heard?
私が聞いたこと知りたい?
※**What?** と返すのが一般的

Have you heard about this?
これ知ってる?
※**What?** と返すのが一般的

You'll never guess what happened!
まさかのニュースだよ!
※**What?** と返すのが一般的

I have to tell you something.
ちょっと聞いてよ。
※**What?** と返すのが一般的

You might know, but....
知ってるかもしれないけど……。
※**What?** と返すのが一般的

雑談フレーズ

SITUATION・2
話題を変える ひとことフレーズ

Speaking of XXX,....
そう言えばXXXだけど……。

....

Let me mention, ...?
言っていいかな……?

....

One thing, ...
ええとね……。

....

Oh, yeah.
あ、思い出した。

This is off-topic, but....
余談だけど……。

That reminds me.
それで思い出した。

Oh, thanks for reminding me.
あっ、思い出させてくれてありがとう。

Oh, I have to tell you about....
おお、言わなきゃいけないことがあったんだ……。

Before I forget, let me tell you about....
忘れないうちに言っておくね……。

Rule 6.

初対面でも盛り上がる、「名前」「場所」「家族」の話題

初対面の人にプライベートな質問をしていませんか？

初対面の人との会話が緊張するのはなぜか

　あたりまえのことですが、人はいつも同じ相手とばかり話しているわけではないですね。**定期的に初対面の人と会話しないといけないシーンが訪れるはず**です。会話力に自信がないと緊張して、雰囲気に飲まれてしまうことがありませんか？

　初対面の人と会って緊張するのは、失礼なことを言ってしまわないだろうか、相手に嫌われないだろうか、などと考え過ぎるからです。面白い話がいきなりできるのはよほどのプロ。話し方の講師でなければマニュアルが必要です。**そこで、初対面の人との会話のコツをご紹介します。**

名乗ったあとの会話例……

> Hi! I'm Carlos.

初対面の話題は絞って3つ

　私がおすすめする「失敗しない初対面の話題」は、**「名前」「住む場所」「家族」**です。でも、これらの話題はインタビュアーのように質問してはいけません。ネイティブは、「結婚しているのか」「仕事は何か」などの個人的な話を初対面で聞かれると警戒してしまいます。**まずは自分のことを相手に話して和やかなムードを作り**、自然と相手も個人的な話を始めるような流れを作ってください。

| I'm Carlos. のあとの気の利いたひとこと |

- **Is that an unusual name?**
  珍しいお名前なんでしょうか?
- **Are you from around here?**
  このあたりのご出身ですか?
- **How do you spell your name?**
  あなたの名前のスペルを教えて?

プライベートな話は自分から話して

　日本でも、相手の名前を聞いて「珍しいお名前ですね」「どちらのご出身ですか?」と盛り上がることがあるように、英語でも名前についてよく話題にします。出身地の話も、バックグラウンドや文化の違いについて話を広げることができるのでおすすめです。**家族に関しては、初対面では相手のデリケートな部分がわからないので、自分から話をして相手も乗ってきた話題のみ続けるようにしてください。**

❌ NG会話（残念な会話例）

外国人：**I'm Carlos Gonzalez.**
カルロス・ゴンザレスといいます。

日本人：**Where are you from?**
ご出身はどちら？

外国人：**I'm from Colombia.**
コロンビアです。

日本人：**Are you married?**
結婚されてますか？

外国人：**Why do you want to know?**
なぜ知りたいの？

日本人：**…?**
……？（絶句）

何気なく聞いた質問で相手が不機嫌に

　カルロスさんと会いました。出身地も聞きました。でも、結婚しているのかと聞いたら目つきが変わり、せっかくのフレンドリーなムードが台無しに。

　日本では初対面でも家庭の話題をすることがありますが、外国人は「とても個人的なこと」だと考えています。**まだ人間関係ができていないうちは、家庭に関する質問はせず、名前や出身地の話を広げるとよいでしょう。**

○ OK会話（マネしたい会話例）

> 日本人：**Hi, I'm Yumi Suzuki.**
> こんにちは、スズキユミです。
>
> 外国人：**Hello Yumi. I'm Carlos Gonzalez.**
> こんにちは、ユミ。私はカルロス・ゴンザレス。
>
> 日本人：**Are you from around here?**
> このあたりのご出身ですか？
>
> 外国人：**No, I'm from Colombia. How about you?**
> いいえ、コロンビアです。あなたは？
>
> 日本人：**I'm from Japan. My aunt went to Colombia a few years ago.**
> 日本です。
> おばが数年前にコロンビアに行ったんですよ。
>
> 外国人：**Oh, really?**
> おお、本当ですか？

自分の話をして会話のきっかけを作る

　自己紹介で名前を聞いた際、「○○系の名前だからXX出身だと思ったんだ」と**出身地について聞いてみることもおすすめ**です。地元出身で日本育ちの外国人もいますが、相手が海外からの移住者だったら話が弾みます。

　また、ユミのように家族や知り合いがカルロスの母国へ行った話などがあれば、ぜひ話してみましょう。相手も喜んで話を始めるので、会話が盛り上がりますよ。

雑談フレーズ　SITUATION・1
名前について

I'm Mariko Tanaka, but just call me Mariko.
タナカマリコです。マリコって呼んでください。

People call me Tom because my name is Tsutomu.
ツトムという名前なので、トムと呼ばれています。

I'm sorry, how do you spell your name?
悪いけど、あなたの名前のスペルは？

That's a really nice name.
それはとてもいい名前ですね。

Is that a British name?
それってイギリス系の名前?

Is that a common name?
よくある名前ですか?

I don't think I've heard that name before.
初めて聞いた名前だと思います。

That's a little difficult to pronounce.
ちょっと発音するには難しいですね。

I have a good friend who has that name.
あなたと同じ名前の仲の良い友達がいます。

雑談フレーズ

SITUATION・2
場所について

What part of England are you from?
イギリスのどの地方出身ですか?

....

You're from Atlanta? I once changed planes there.
アトランタ出身ですか?
私は乗り換えで降りたことがありますよ。

....

How do you celebrate Christmas in Australia?
オーストラリアのクリスマスってどんな感じですか?

....

You've been living in Nagoya for two years? Is that because of your job?
名古屋に2年住んでいるんですか?　お仕事の関係で?

You're from San Francisco? My cousin lives there.

サンフランシスコからいらしたんですか?
私のいとこが住んでいるんです。

I've been to Belgium before. I really liked Bruges.

ベルギーは旅行で行ったことがあります。
ブルージュが気に入りました。

I wish I lived in Kobe. It has a lot of culture and history.

神戸にお住まいとはうらやましい。
いろいろな文化や歴史がありますね。

I've never been to Hakodate, but they must have great seafood.

函館に私はまだ行ったことがないのですが、
シーフードがおいしいでしょうね。

You've been in Japan a long time, so you must be fluent in Japanese.

そんなに日本に長ければ、日本語ペラペラでしょうね。

雑談フレーズ　SITUATION・3
家族について

Is your wife with you on this trip?
この旅行には奥さまも同行されているんですか?

....

Do you have any children?
お子さんはいらっしゃる?

....

How old are your children?
お子さんはおいくつ?

....

They must be really cute.
とてもかわいい子どもたちなんだろうなあ。

I'd love to meet them someday.
いつかお子さんたちにお目にかかりたいです。

Do you have any pictures?
彼らの写真を持っていますか?

This is a picture of my son.
これ、息子の写真なんです。

She has such a nice smile.
彼女の笑顔ステキですね。

Five children!? That's a big family.
お子さんが5人!?　それは大家族だ。

Rule 7.

「ニッポンの日常風景」が、日本人の切り札になる

相手が興味を持つような
話題を提供できていますか？

> I'd like to try some real Japanese food.

> Good.

話題に困ったら日本の話をしよう

　日本語でもそうですが、**話につまったときは自分のことを話すことをおすすめします**。経済や流行については詳しくないと話せませんが、自分のことであればよどみなくしゃべれるからです。同様に日本の話をすることも簡単です。**日常のことを伝える練習をしてみましょう。**

　たとえば、日本の生活や食文化について。また、日本の新年などの風習について話すのもいいでしょう。米国などクリスマスを盛大に祝う国では、新年はほとんど何もしません。そんな人たちにとって、日本の新年の祝い方は独特です。祝日の過ごし方など、興味津々のはずですよ。

日本についての会話例……

> **I'd like to try some real Japanese food.**

相手の気持ちがおざなりになっていませんか？

　日本について紹介する際に気を付けたいのは「自慢の暴走」。相手が日本滞在初日であっても10年目であっても、日本に関心がある人は充分日本のファンなので、特別感を強調されると引いてしまいます。説明と自慢は別のもの。**英語で日本を説明することに気を取られて、自分が話したいことばかり押し付けてはいけません。**相手が何に興味があるかを中心に話すように心がけましょう。

Good. ではない気の利いたひとこと

▶ **How about okonomiyaki? It's like a pancake with meat and vegetables.**
お好み焼きなんてどうですか？
肉と野菜が入ったパンケーキみたいなものです。

▶ **We eat raw fish. Would you like to try some?**
私たちは生魚を食べます。
挑戦してみませんか？

主語を間違えると、個人的な話になるので注意

　母国に関する客観的な話をする際に使う主語はご存知ですか？「（日本の）人々は」という意味でpeople、そのpeopleを受けて「（日本の）彼らは」というニュアンスでthey、「（私を含む日本人である）私たち」という意味でweなどが正解です。We eat raw fish.（私たちは生魚を食べます）というように、**基本的に主語はWeで話すとよいでしょう**。Iでは個人的な話として伝わるので注意して。

✘ NG会話（残念な会話例）

> 外国人：**I'd like to try some real Japanese food.**
> 日本食を食べてみたいんだけど。
>
> 日本人：**How about okonomiyaki?**
> お好み焼きなんてどうですか？
>
> 外国人：**Is that food?**
> それは食べ物ですか？
>
> 日本人：**Yes, of course!**
> ええ、もちろんですよ！

相手も知っていると思って説明を省いてはダメ

　日本食に興味のある外国人と話をしたら、「日本食が食べたい」と言われました。これはチャンス！　日本のことをたくさん話して会話を盛り上げるぞ！　と意気込んだものの、あっという間に場がシラけてしまいました。

　これは、お好み焼きと聞いても相手が何かわからなかったから。それがどんなものか想像できるように、すぐに説明を続けてあげれば、きっと相手も乗ってきますよ。

🔵 OK会話（マネしたい会話例）

> 外国人：**I'd like to try some real Japanese food.**
> 日本食を食べてみたいんだけど。
>
> 日本人：**How about okonomiyaki? It's like a pancake with meat and vegetables.**
> お好み焼きなんてどうですか？
> 肉と野菜が入ったパンケーキみたいなものです。
>
> 外国人：**That sounds really good.**
> それはすごくおいしそう。
>
> 日本人：**It is! Let's go together! That would be great!**
> おいしいですよ！　食べに行きましょう！
> 楽しみだなあ！

説明するときは、相手が想像しやすい表現で

　お好み焼きを提案した直後に、どんな食べ物か相手が想像しやすいよう「パンケーキのようなもの」と説明しただけですが、これがキーポイント。NG会話の例では、相手はお好み焼きの情報を知りたいと待っていたのに、沈黙が長過ぎたため、「それは食べ物？」と皮肉を言われてしまいましたよね？　こうならないよう、すぐに言葉が出ない時は **Um**（ええっと）で、間をつないでください。

雑談フレーズ

SITUATION・1
日本の暦・しきたり

New Year's is mostly a time for families in Japan.
日本では、新年はたいてい家族と過ごす時間です。

....

We don't usually send Christmas cards, but we send New Year's cards.
日本ではあまりクリスマスカードを出しませんが、
年賀状を出します。

....

We go to a temple or shrine to pray on the first few days of the year.
日本人は年の始めにお寺や神社に行ってお祈りをします。

....

On Valentine's Day, women give men chocolate.
バレンタインデーには、
女性が男性にチョコレートをあげます。

March 14 is White Day. This is when men give gifts to women.

3月14日はホワイトデーといって、
男性が女性に贈り物をあげる日です。

......

Golden Week is a week-long holiday period. It starts at the end of April.

ゴールデンウィークは1週間もある休暇期間で、
4月末から始まります。

......

Obon is a holiday for remembering ancestors.

お盆は先祖をしのぶための休日です。
※ancestors：先祖

......

A lot of people go back home during Obon.

多くの人がお盆に実家に帰ります。

......

Silver Week is a period of holidays in September.

シルバーウィークは9月にある休暇期間です。

雑談フレーズ

SITUATION・2
日本の生活習慣

We usually only wear kimonos for special events.
通常日本人は、特別なときしか着物は着ません。

....

Some kimonos are really simple and some are fancy.
着物にはとても簡易的なものや、
オシャレなものがあります。

....

Traditional yukata designs have been becoming popular recently.
最近、伝統的な浴衣の柄が人気です。

....

Kimonos are difficult to wear, so many people get help at a beauty salon.
着物の着付けは難しいので、
美容院でやってもらう人が多いです。

People don't usually wear their shoes in the house.
日本人は家の中では靴を履きません。

We take off our shoes and keep them in the entrance area.
靴を脱いだら玄関に置いておきます。

Making an offering of five yen at shrines or temples is standard.
神社やお寺でのお賽銭は5円が一般的です。

Anyone can visit a temple or shrine. You don't have to be a believer.
誰でもお寺や神社に行くことができます。
信者でなくても構いません。

In Japan, we don't have the custom of tipping.
日本には、チップの習慣はありません。

雑談フレーズ

SITUATION・3
日本の食文化

Sushi-go-round restaurants where you can eat one plate for 100 yen are popular.
一皿100円の回転寿司が人気です。

....

You can order sushi without the green mustard.
寿司はワサビ抜きでも注文できます。

....

Tempura tastes best with a dipping sauce called tentsuyu.
天ぷらは天つゆをつけて食べるとおいしいですよ。

....

Soba is a seasonal thing. New soba comes out around November.
そばには旬があり、新そばが出回るのは11月ごろです。

今なら**無料サンプルプレゼント！**

1日3〜4分 CDを聞くだけ！

ある日突然

英語がわかる！
英語が口から出てくる！
今話題の勉強法
英語サンドイッチメソッド！

基本編

CDブック
聞くだけで話す力が
どんどん身につく
英語サンドイッチメソッド
A5判（CD付）
価格：1200円（税別）

日常会話編

英語サンドイッチメソッド
日常会話編
聞くだけ！
英語を話す力を
身につけるCDブック
A5判（CD付）
価格：1200円（税別）

\\\\ **このメソッドを試した方から喜びの声が続々！** //

「電車の中でCDを聞いているだけで、生まれてはじめて英語が聞き取れるように！
想像以上の効果に驚いています」（27歳 女性）

「英語のすぐ後に日本語が流れるので、辞書もテキストもいらず
聞くだけでよいのが便利ですね」（59歳 男性）

「苦手だった英語が好きになりました。
こうやって学校でも教えてくれたらいいのに」（16歳 男性）

無料でお試しできます！

こちらにアクセス！
http://www.ascom-pub.net/eigo_sandwich/

あなただけに
スペシャルプレゼント！

ネイティブに話しかけられても、もう困らない！
アウトプット力を鍛える特製BOOK

David A Thayne Presents.
BONUS EDITION
とっさの英会話
デイビッド・セイン 著

とっさに言いたい厳選 **32** フレーズが収録！
しかもネイティブに話しかけられたシーンを
シミュレーションできるしかけで
ドキドキ、レッスン！楽しみながら
英語力がアップします！

**ただいま
無料公開中！**

ダウンロードはこちら
http://www.ascom-inc.jp/eikaiwa/

With udon, the noodle thickness differs by region.
うどんは地域によって麺の太さが違います。

Sparkling sake is a stylish new drink.
スパークリングの日本酒がオシャレです。

Some shops now have nabe for just one person.
鍋を一人分から注文できるお店もあります。

Nabe is a hot pot. People share it with family and friends.
鍋は、家族や友人と一つの鍋をつついて食べる料理です。

Fresh wagashi treats are made based on a seasonal theme.
生の和菓子は、季節をテーマにして作られています。

Rule
8.

外国人が喜ぶ、
「イマドキ
日本ガイド」

日本の伝統文化ばかり
紹介していませんか?

> I want to know all about Japan.

> Our traditions are....

雑談は「オモテナシ」です

　日本は欧米の文化圏から来た人にとってはとてもユニークで魅力的な国です。珍しいものや特徴的な文化がたくさんあるので伝統文化も紹介してもらいたいですが、最先端テクノロジーやユニークな流行についてもぜひ紹介してあげてください。

　たとえば、**サブカルチャーやB級グルメ**。今はインターネットなどで情報を得ることができるので、海外の人も日本の「今どき」な生活をいろいろ知っています。知っているからこそ手が抜けません。**雑談の中でどんどん最新情報を提供して、オモテナシをしましょう。**

外国人が喜ぶ会話例……

> I want to know all about Japan.

自分の視点で話すことがポイントです

　伝統文化やサブカルチャーについて、**自分の視点で紹介できるといいですね**。たとえば、伝統文化の歌舞伎について話す際に、最近歌舞伎座がリニューアルされたという最新情報を盛り込むなど、オリジナルの紹介文を考えてみましょう。また、日本の自動販売機数に驚く外国人も多いので、そんな日常のことについて話してもいいでしょう。**ガイドブックに載っている王道ネタよりも、喜ばれますよ。**

> **Our traditions are....以外の気の利いたひとこと**
>
> ▶ **The Kabuki-za theater was renovated in 2013 so I recommend going there.**
> 2013年に歌舞伎座がリニューアルされたので、おすすめですよ。
>
> ▶ **Vending machines are in all kinds of places, so they're convenient.**
> 自動販売機がいろんなところにあるので便利です。
>
> ▶ **I recommend visiting Himeji Castle.**
> 私のおすすめは姫路城です。

おすすめするフレーズにもバリエーションを

「〜をおすすめする」というフレーズは **I recommend ...** だけではありません。「姫路城をおすすめします」を例にあげると、
I recommend visiting Himeji Castle.
You should visit Himeji Castle.
I suggest visiting Himeji Castle.
など。**You should...** や **I suggest...** も使ってみましょう。

❌ NG会話（残念な会話例）

外国人：**I want to go to a quiet place.**
静かなところへ行きたいです。

日本人：**How about downtown?**
ダウンタウンはどうですか？（下町と言いたい）

外国人：**No, there are too many people.**
いや、人が多過ぎますよ。
（ダウンタウンは繁華街のこと）

日本人：**But the downtown area is quiet.**
でもダウンタウンは静かですよ。（下町と言いたい）

外国人：**Shinjuku? Shibuya? Are you kidding?**
新宿？ 渋谷？ 冗談でしょ？

直訳に注意。ガイドするには語彙力も重要です

　下町を直訳するとdown（下）town（町）になりそうですが、下町はdowntownではありません。米国ではuptown（郊外の住宅地）に対して都心の繁華街をdowntownと呼ぶので、日本の下町とはニュアンスが違います。外国人がdowntownと聞いて、新宿や渋谷が思い浮かんだのは無理もありません。このあと「ダウンタウン違いで面白かったね」と笑い合えるといいですね。

⭕ OK会話(マネしたい会話例)

> 外国人：**I want to go to a quiet place.**
> 静かなところへ行ってみたいです。
>
> 日本人：**How about one of the old neighborhoods in Tokyo?**
> 東京の古い住宅街はどうです?
>
> 外国人：**That sounds nice.**
> 良さそうですね。
>
> 日本人：**You can get a feel for what Tokyo used to be like.**
> 昔の東京がどんなだったかわかりますよ。
>
> 外国人：**I'd love that!**
> それはぜひとも!

ピッタリの単語がない場合は雰囲気を伝えて

　the old neighborhoods in Tokyoは、イコールで下町ではありませんが、**neighborhood**で住宅街だとわかるので、昔ながらの街並みのイメージが伝わります。さらに「昔の東京を感じることができる」と続けたことで、外国人も興味津々。このフレーズは応用が効くので覚えておくといいでしょう。**get a feel for...** で「〜を感じ取る」「〜の気分を味わう」というニュアンスです。

雑談フレーズ

SITUATION・1
ジャパニーズカルチャー

Have you ever been to an animal cafe, like a cat or rabbit cafe?
猫カフェやうさぎカフェのようなアニマルカフェに
行ったことありますか？

....

I'll take you to an izakaya.
居酒屋を案内してあげましょう。

....

Try going to theme parks on a weekday if you want to avoid the big crowds.
人ごみを避けたければ、
平日のテーマパークがおすすめです。

....

If you want to watch baseball, I recommend going to the local ballpark.
野球観戦なら、近くの野球場へ
行ってみるといいでしょう。

Do you want to try public bathing at an onsen?
温泉に入りに行きたい?

....

At public baths, you can enjoy the friendly atmosphere.
銭湯はフレンドリーな雰囲気で楽しいですよ。

....

Shall I help you reserve advance tickets for sumo?
相撲の前売り券予約を手伝ってあげましょうか?

....

Kabuki is a unique Japanese style of theater.
歌舞伎は日本特有の演劇です。

....

There are audio guides so people who don't understand Japanese can also enjoy it.
オーディオガイドのおかげで
日本語がわからない人でも楽しめますよ。

雑談フレーズ

SITUATION・2
外国人に人気のB級グルメ

The gyudon beef bowl is popular in some foreign countries.
牛丼は日本以外の国でも人気だそうですね。

....

Osaka-style okonomiyaki is made by mixing up all the ingredients.
大阪系のお好み焼きは具を全部混ぜて焼きます。

....

Hiroshima-style okonomiyaki is made by making layers.
広島系のお好み焼きは何層にも重ねて作ります。

....

Miso pork cutlet is Nagoya cuisine.
みそかつは「名古屋めし」です。

Onigiri is a rice ball filled with things in the middle.
おにぎりは、中に具が入った握り飯です。

Almost every local area has it's own style of ramen.
ご当地ラーメンは日本各地にあります。

Hokkaido ramen comes with butter and corn.
北海道のラーメンはバターとコーンが入っています。

We'll have to wait in line for an hour for this ramen shop.
このラーメン店は1時間くらい
行列に並ばないと食べられません。

In Japan, we have a Japanese-style teriyaki burger.
日本にはテリヤキという和風ハンバーガーがあります。

Rule
9.
会話の盛り上がりは、リアクションが握っている

ウンウンとうなずくだけで
相手の話を聞いていませんか?

Something really funny happened to me last week.

...
(うなずいている)

会話を盛り上げる乗り方には、コツがあります

　雑談は自由な会話です。そのぶん、話の流れはいかようにでも変わります。相手が面白いトピックを話し始めたら、それを盛り上げるのが会話の醍醐味。相手だって、気持ちよく話に興じるでしょう。ちょっとした言い回しでそれが可能なら、少し工夫をしてみませんか?

　ここでは、そんな**話を盛り上げるためのテクニックをふたつご紹介します**。ひとつは、こちらは聞き役に徹して話をどんどん引き出す方法。次は、その人のまわりがどう反応したのかを聞いたり、相手の話を要約して投げかえすこと。詳しくは、次のページで説明しましょう。

盛り上がる会話例……

> **Something really funny happened to me last week.**

相手がどんどん話し出す魔法のフレーズ

　ひとつめの会話を盛り上げるテクニックは、話をもっと引き出すこと。And then what?（それでそれで?）などの簡単なフレーズでもこちらが興味を示していることが伝われば、誰でも気を良くしてもっと話したくなります。

　もうひとつは、まわりの反応や相手の話を要約して質問返しをすること。So...（てことで……）などの簡単なフレーズを駆使して、会話のキャッチボールを続けましょう。

…(うなずいている)以外の気の利いたひとこと

▶ **And then what?**
それでそれで?

▶ **What happened next?**
それからどうなったの?

▶ **Tell me more!**
もっと教えてよ

▶ **So….**
てことで……。

▶ **That means….**
つまり……。

最後は相手の気持ちに寄り添うコメントを

ひと通り話を聞いたら、**次は「乗っかる」作戦に軌道修正です**。グチを聞いた場合は **If that's true, that's terrible!**(もしそれが本当ならひどい!) とか、**If it were me, I couldn't agree.**(私ならそれじゃ納得できない)、**What did you think when they said that?**(そう言われてどう思ったの?)と、相手の気持ちに寄り添いましょう。自分はどう感じたかも伝えれば親密になれます。

✖ NG会話（残念な会話例）

外国人：**Something really funny happened to me last week.**
先週すごくおかしいことがありましてね。

日本人：**I see.**
わかりました。

外国人：**???**
???（えっ?)

日本人：**....**
……。

外国人：**Don't you want to hear about it?**
私の話、聞きたくないんですか?

状況に合わせたうなずきフレーズを

　I see.は「なるほど」というよりも「理解しました」というニュアンスです。面白い話をしようと思ったのに「了解。おしまい」と言われたら、拒絶されたのも同然。「聞いています」という意味でI see.を使わないように注意しましょう。この日本人は「先週起きたこと」に対してI see.と言ったようですが、話の中心は「おかしいこと」です。相手は「それは何?」と聞いてもらいたかったのです。

◯ OK会話(マネしたい会話例)

> 外国人:**Something really funny happened to me last week.**
> 先週すごくおかしいことがありましてね。
>
> 日本人:**Oh really? What happened?**
> えっ本当? 何ですか?
>
> 外国人:**I called my mother and we talked for about 10 minutes. But then....**
> 母に電話して10分ほど話したんです。でもそのあと……。
>
> 日本人:**But then...?**
> そのあと……何が起きたんです?
>
> 外国人:**She said, "Excuse me, but who is this?" I realized I had dialed the wrong number.**
> 彼女が「すみませんが、あなた誰?」って。
> 間違い電話をしていたんです。

言葉のミラー効果で好感度も上がります

　相手が待っていたのは、この「何があったの?」という反応です。相手が話し始めてからも **But then...?** と相手の言葉をオウム返しすることで、興味津々で聞いていることを伝えています。これは「ミラー効果」と呼ばれる方法で、相手と同じ動作をすると相手が好感を持つという効果があります。話が終わったら、**That's so funny!**(笑っちゃう!)と言って笑いましょう。

雑談フレーズ

SITUATION・1
相手の話を どんどん引き出す

Wow, I've never heard of that kind of thing!
わあ、そんな話聞いたことないですよ!

That's great news, isn't it?
それはうれしい知らせじゃない?

That sounds really interesting.
それはかなり興味深い話ですね。

What happened next?
それから何が起こったの?

Then what did he say?
それで彼は何て言ったんですか?

Is that all?
それだけ?

Tell me more!
もっと聞かせてくださいよ!

I'm dying to know how it all works out!
どうやって解決したか知りたくてたまんないよ!

Please let me know what happens!
何が起きたか教えてくださいよ!

雑談フレーズ

SITUATION・2
相手の話にのっかって話す

If it were me, I would have done it this way.
私ならこの方法でやったでしょうね。

Oh, what you said reminded me of my childhood.
まあ、その話私の子どもの頃を思い出すわ。

Oh, my gosh! What did she do!?
うわ、彼女は何したんだ!?

Something just like that happened to me.
私にも同じようなことが起きました。

Can I give you my opinion?
私の意見を言ってもいい?

That means his answer was yes?
ということは、彼の答えはイエスね?

How did that make you feel?
それであなたの気持ちは?

If that happened to me, I'd jump for joy.
私の身にそれが起きたら、飛び上がるほどうれしいわ。

Wow, you handled that so much better than I would have.
わあ、私がやるよりずっとうまく対応できたんだね。

Rule 10。

雑談中は、なにはなくても相手をほめるのが鉄則

相手を称賛するコメントを
ちゅうちょしていませんか?

> Phew! It's finally over!

> Yeah.

ほめられて嫌な気持ちがする人はいません

「師匠と呼ばせてください!」と言うことは日本でもありますね。冗談半分で使うこともありますが、真面目な気持ちを込めて言うときもあるのではないでしょうか。

人は**I was moved by your speech.**(あなたのスピーチに感動した)とか**I'm a big fan of yours.**(あなたのファンなんです)、**Please be my teacher!**(私を弟子にしてください)なんて言われたら**うれしくなって、相手に心を開くもの**です。それは、会話をする上でいい状況になるでしょう。相手の懐に飛び込む気持ちで、質問や相談を持ちかけて、どんどん会話力を上げてください。

相手をほめる会話例……

> Phew!
> It's finally over!

思い切った称賛フレーズが相手の心を開きます

　日本人は控えめなのか、**相手を称賛するフレーズの語彙が少ない方**が多いように感じています。大げさな表現に抵抗があるのかもしれません。でも、立派な人に出会ったときのうれしさや感動した気持ちは、外国人が相手であれば**素直に伝えるほうがいいでしょう**。ウソっぽいと感じるよりも、あなたの気持ちをくんで喜んでくれるからです。気を良くして、面白い話を始めてくれるかもしれませんよ。

Yeah. のあとの気の利いたひとこと

▶ **It went great!**
  うまくいったね!

▶ **I was touched by your speech.**
  あなたのスピーチに感動した。

▶ **I'm a big fan of yours.**
  あなたのファンなんです。

▶ **Please be my teacher!**
  私を弟子にしてください。

素直な称賛が、よい人間関係を築きます

　外国人の感動の仕方は見習うべきものがあります。自分の価値観を信じて、尊敬できる人に**「尊敬している」「あなたは素晴らしい」ときっちり伝えることは、良い人間関係を築く上でも大切なこと**です。恥ずかしがらずに、I was touched by your speech.（あなたのスピーチに感動した）と素直に喜んだり、I'm a big fan of yours.（あなたのファンなんです）と出会えた感動を伝えましょう。

❌ NG会話(残念な会話例)

> 外国人:**Phew! It's finally over!**
> ふう〜。やっと終わった!
>
> 日本人:**Yeah.**
> 終わったね。
>
> 外国人:**How was my presentation?**
> 私のプレゼンはどうでした?
>
> 日本人:**Well, uh, it was good.**
> ええと、う〜ん、良かったよ。
>
> 外国人:**Please tell me what you thought! Weren't you listening?**
> どうだったかあなたの感想を詳しく教えてよ! 聞いていなかったの?

称賛ベタなせいで、評価が下がることも

　同僚のプレゼンが終わりました。うまくいったことで一緒に胸を撫で下ろしたのに、プレゼンの感想を求められると、称賛するフレーズのボキャブラリーが少ないために何と答えたら良いのか困って黙り込んでしまいます。

　これではほめるどころか、自分の意見も言えない人だと思われてしまいます。最悪の場合、否定的な意見だと誤解されることもあるので回避したいパターンです。

◯ OK会話 (マネしたい会話例)

> 外国人：**Phew! It's finally over!**
> ふう〜。やっと終わった!
>
> 日本人：**It went great! It was easy to understand.**
> うまくいったね！ わかりやすかったよ!
>
> 外国人：**Yay, I'm glad to hear that.**
> わあ、そう聞いてうれしい。
>
> 日本人：**The project proposal with the images had an especially big impact.**
> 特に、画像を使ったプロジェクトの提案は説得力あったよ。
>
> 外国人：**I'll use that again!**
> 次回もそれでいこう!

上手にほめるポイントは、具体性です

　It went great!（うまくいったね!）と言って、この日本人は相手の成功を一緒に喜んでいます。すぐに **It was easy to understand.** （わかりやすかった）と、**率直な感想を伝えたこと、「特に〜が良かった」とさらに具体的な理由を述べていることが見習いたいポイント**です。例文のように、単なる感想を超えて、今後につながるような具体的な内容でほめることができればベストですね。

雑談フレーズ

SITUATION・1
自分にはできないと称賛する

I didn't think of that!
それは思いもつかなかった!

....

How did you do that?
どうやってそんなことができたんですか?

....

I could never do that!
私には逆立ちしたってできないことですよ!

....

No matter how hard I try, I always fail.
私ならどう頑張ったってうまくいくはずないです。

I'm no good at that.
私にはとうていできません。

I'm a terrible cook!
私はひどい料理下手です。
(あなたのようにうまく作れませんよ)

I'm out of touch with modern technology.
私はテクノロジーにはうとくて。
(あなたのような達人ではないです)

I never seem to improve.
私には上達できそうにない。(あなたの上達はすごいです)

I'm a slow learner.
私は物覚えが悪くて。(あなたのように早く覚えられない)

雑談フレーズ

SITUATION・2
具体的に感動を伝える

You're my inspiration.
あなたの存在は私の励みになります。

....

You always give excellent advice.
いつも素晴らしいアドバイスをくださいます。

....

We all look up to you.
我々は皆あなたに敬意を払っています。

....

I have a lot of respect for you.
あなたを尊敬しています。

I'm in awe of you.
あなたには恐れ入りました。
※ in awe of：恐れ多い

You're so accomplished.
あなたはとても博識ですね。
※ accomplished：教養のある、熟達した

Everything you do is impressive.
あなたのすることすべてが印象的に思えます。

I hope I can be as good as you one day.
いつかあなたのようになりたいと思います。

I wish I could be more like you.
少しでもあなたに近づきたいです。

Rule 11.

好かれる人は、ほめられたら自虐ネタで返す

ほめられたとき、謙そんして No. と言っていませんか？

I have a lot of respect for you.

No, no, no, no.

謙そんする際は自虐ネタで気安さをアピール

　ほめられた時、つい謙そんしてNo.（とんでもない）と否定していませんか？　外国人のように素直に喜ぶことも必要ですが、控えめに謙そんする日本人の姿勢も親しみやすくて悪い印象ではありません。

　ただし、No.だけで会話が途切れてしまうと「せっかくほめたのに拒絶された。なぜ？」と、相手は仰天してしまうかもしれません。そんなときは、**No.のあとに軽い失敗談などの自虐ネタを続けて、気安さをアピールするといいでしょう**。和やかな雰囲気で、話しやすく親しみある印象が演出できれば相手との距離もぐっと縮まるでしょう。

自虐ネタの会話例……

> I have a lot of respect for you.

軽い失敗談を交えることで場が和みます

　日本の文化になじんでいると、ほめられると脊椎反射のように、とっさに「とんでもない!」と謙そんしてしまうかもしれません。もし「ありがとう」ではなく No. と言ってしまったら、軽い失敗談を続けるようにしましょう。
　失敗談といっても、ちょっとしたことでかまいません。たとえば、容姿についてほめられたら「昔はやせていたのに今は見る影もない」などと続けて笑いを誘いましょう。

No, no, no, no. ではない気の利いたひとこと

▶ **I used to be young and smart, but now I'm old and dull.**
昔は賢かったんですが、今はさえない中年ですよ。

▶ **After giving money to the homeless, I didn't have enough money for the bus.**
ホームレスにお金をあげたら、バス代が足りなくなってしまった。

▶ **You may not believe this, but I used to be fat.**
信じられないと思いますが、私も昔は太っていたんですよ。

自虐トークから会話を続けるテクニック

　情けない話をしたあとは、アドバイスを求めてみてもいいでしょう。**I pressed the bid button on the auction by mistake.**（間違ってオークションのボタンを押してしまったんだ）といった話に **What should I do in this situation?**（そんなときはどうしたらいいの?）と相手の意見を聞いてみましょう。**あなたの朗らかなキャラクターに興味を持ってくれるはずです。**

✖ NG会話（残念な会話例）

> 外国人：**Are Japanese university examinations difficult?**
> 日本の大学受験は難しいですか？
>
> 日本人：**Yes, they're really hard.**
> ええ、けっこう難しいですよ。
>
> 外国人：**Did you go to college?**
> あなたは大学に行ったの？
>
> 日本人：**Yes, because I studied really hard.**
> はい、すごく頑張りましたから。
>
> 外国人：**Oh....**
> へえ……。

謙そんしてもしなくても、ユーモアを交えて

　謙そんしたあとに続ける自虐ネタがないからと、堂々としていてもなんだか嫌な感じになってしまう例です。このように「大学に行ったなんて、賢いのね」という雰囲気になったら、**何か笑いを誘うようなエピソードを付け加えられるといいですね**。自分から **Yes, because I studied really hard.**（ええ、とても頑張りました）と言うと、偉そうにしている印象を与えてしまいます。

◯ OK会話（マネしたい会話例）

> 外国人：**Are Japanese university examinations difficult?**
> 日本の大学受験は難しいですか?
>
> 日本人：**Yes, they're really hard.**
> ええ、けっこう難しいですよ。
>
> 外国人：**Did you go to college?**
> あなたは大学に行ったの?
>
> 日本人：**Yes. Back then I was young and smart, but now I'm old and dull!**
> ええ。昔は若くて賢かったんですが、今ではさえない中年ですよ!

「笑い」が相手との距離を縮めてくれます

　この場合も、自分で「頭がいい」と言っていますが、「昔はね」と自虐ネタにしたことで相手に気安さを与えました。「今は情けないけど」というニュアンスで昔の栄光を自慢するので、おかしさを演出するのです。
　このユーモアが敷居を低くして、和やかな雰囲気になります。**大切なのは、親しい雰囲気を伝えること。ユーモラスな返しで相手との距離が縮まれば、大成功です。**

雑談フレーズ

SITUATION・1
軽い失敗談で気安さを演出

I know it's hard to believe, but I used to be an actor.
信じられないと思いますが、私は昔俳優だったんです。

....

I used to be muscular, about a million years ago.
以前私はマッチョだったんだ。大昔のことだけど。

....

One day when jogging, I picked up a stray cat.
ジョギングしてたのに、猫を拾ってきちゃった。

....

Only people who are starving think I'm a good cook.
お腹がすいている人だけが
料理の達人だと言ってくれるのよ。

I like opera, but I don't know anything about it.

オペラが好きなんですけど、実は詳しくないんです。

....

I like to sing karaoke, but no one likes to listen to me.

カラオケ好きなのに、
誰も私の歌を聞いてくれないんです。

....

I'm really bad with directions. I get lost going to the bathroom.

ひどい方向音痴で。
バスルームに行くのも迷子になっちゃうほどです。

....

I like work. I can watch people do it all day.

仕事は好きですよ。働く人を見ているだけですけどね。

....

I'd forget my own name if I didn't have business cards.

名刺がないと自分の名前すら忘れちゃうんです。
※人の名前を忘れた場合に使う言い訳

雑談フレーズ

SITUATION・2
場が和む笑い話

Everyone was laughing at me. Later, I realized my face had been drawn on!

なんでみんなが笑うのかと思ってたんだよ。
後で気付いたけど、顔に落書きされてたのか!

....

I was going to attend my baby's birth but missed it while I was in the bathroom.

子どもの出産に立ち会うつもりだったのに、
トイレに行っている間に生まれていたんです。

....

I won the lottery and spent all the money, but then realized I misread the numbers.

宝くじに当選して散財したんですが、
実は番号の読み違いだったんですよ。

....

I knocked on the wrong door by mistake, but the person who answered was my old friend!

間違えた訪問先に、昔の友人がいたんですよ!

The shoes I bought for a bargain at the shoe shop were two right-foot shoes!
靴店のバーゲンで買った靴が右足ふたつだったんです！

Yesterday, I screamed when I saw a bug, but it was actually just a false eyelash.
昨日、虫を見つけて悲鳴を上げたんだけど、
実はつけまつ毛だったの。

I can't fit into this large size skirt. What should I do?
Lサイズの服が入らなくなった。どうしよう。

I slept past my stop, and I had to use a taxi to get home.
電車で寝過ごしてしまい、
タクシーを使うはめになっちゃった。

I was showing off my skiing skill, but I fell and broke my leg.
スキーでいいとこ見せようとして骨折しちゃったよ。

Rule 12.

興味津々、
ちょっと役に立つ
「マメ知識」

ジョークが言えないからと会話に憶病になっていませんか?

> I have some news!

> Oh, what? Tell me.

Funny ではなく Interesting な面白さを

　日本語で「面白い話」と言うと、笑える話つまり「おかしい話」と「興味深い話」という意味の両方を考えてしまいますが、このふたつは似て非なるものです。

　「**おかしい話**」は funny topics や silly topics、「**興味深い話**」は interesting topics や useful topics です。

　前者はその場の雰囲気を良くして、後者は人間関係をよくしてくれます。面白い人と情報通、どちらも人気者ですよね? 英語でいろいろな情報が提供できるように準備しておきましょう。**「興味深い話」ができるようになれば、あなたと話したいという人が自然と集まってきますよ。**

「面白い話」の会話例……

> Oh, what?
> Tell me.

interesting な話は相手を選ばない万能選手

　雑談にはユーモアがあったほうがいいのはもちろんです。私も、ポジティブな表現やちょっとした笑いを推奨しています。でも「盛り上げよう」と頑張り過ぎてバカなことを言って場がシラけたり、あんなこと言わなきゃよかったと後悔するのは避けたいところ。funny な話にはセンスが必要なので、**どんな場面でもどんな相手にも通用する interesting な話を準備しておきましょう。**

I have some news! のあとの気の利いたひとこと

▶ **I heard that that SF movie will be released.**
例のSF映画が解禁になるらしいよ!

▶ **I have some useful tips to clean up your room.**
掃除の裏ワザを知っているんだ。

▶ **I heard it from an industry insider.**
オフレコなんだけどね。

▶ **Can you keep a secret?**
内緒だよ?

マメ知識や健康、旅行ネタは鉄板です

interestingな話とは、いい情報があるということ。それにより、**相手の役に立ったり、共通の趣味や仕事で深く話すことができます**。つまり、interestingはusefulと同義語になります。いろいろな例が考えられますが、大きく分けると**「ためになるネタ」「健康ネタ」などのマメ知識**が無難なトピックと言えるでしょう。相手にありがたがられるような、とびきりの情報が提供できるといいですね。

✖ NG会話（残念な会話例）

> 外国人：**Hey, what have you been up to lately? Any good news?**
> やあ、最近どう？ 何かいい情報でも?
>
> 日本人：**I've been good. Oh, I have some news!**
> うん、調子いいよ。
> そうだ、今日はこんなニュースがあるよ。
>
> 外国人：**Oh, what? Tell me.**
> なになに？ 教えてよ。
>
> 日本人：**Well, I realized that my kitten's meowing sounds just like a dog's bark.**
> うん、うちの子猫の鳴き声が
> まるで犬みたいだって気づいたんだ。
>
> 外国人：**I see.**
> ふ〜ん。

Good news は「新ネタ」ではありません

外国人が言った Any good news? の「good news」とは、朗報もそうですが「耳より情報」や「とっておきの話」という意味。日本人は「新ネタ」だと思い、自分の面白ネタを披露しますが、外国人からすると全く役に立たない情報だったため拍子抜けしてしまいました。

good news と funny な話は別もの。だからこそ、**相手にとって有益な情報を提供するための準備が必要なのです。**

⭕ OK会話（マネしたい会話例）

> 外国人：**Hey, what have you been up to lately? Any good news?**
> やあ、最近どう？　何かいい情報でも?
>
> 日本人：**I've been good. Oh, I have some news!**
> うん、調子いいよ。
> そうだ、今日はこんなニュースがあるよ。
>
> 外国人：**Oh, what? Tell me.**
> なになに？　教えてよ。
>
> 日本人：**I heard that that SF movie will be released in Japan first!**
> 例のSF映画が、日本先行上映になるらしいよ!
>
> 外国人：**Wow, really!? That's awesome!**
> ええ!?　本当に？　すごい！

とっておきの情報は英訳して準備しましょう

　外国人に近況を聞かれた日本人は、とっておきの秘密情報を伝えました。これは、自慢話ではなく、相手が映画好きだと知っていたというシチュエーションです。

　このように相手にとって有益なことや喜ぶ情報を雑談に盛り込むのは、人間関係にもプラスになります。自分が情報を得たら、**その情報を喜びそうな相手の顔を浮かべながら英訳してイメージトレーニングをするといいでしょう。**

雑談フレーズ

SITUATION・1
知っておきたいマメ知識

This is the key to being a good cook.
これが料理上手になるコツです。

....

I'll let you in on a secret.
秘策を教えてあげましょう。

....

I love eating out. I can tell you where the good places are.
食べ歩きが趣味なんだ。いいお店を教えてあげるよ。

....

Japanese highway rest areas are amazing! There's so much food!
日本のサービスエリアはびっくりですよ。
食べ物がすごくたくさんあるの!

Let me tell you how to save money when you travel.
旅費を節約するコツを教えてあげるよ。

Going on a working-holiday is quite popular these days.
最近ワーキングホリデーがとても人気です。

Have you visited any World Heritage sites?
世界遺産に行ったことはありますか?

I'll let you know when the sale is going to start!
セールがいつから始まるか教えてあげる!

Did you hear they're going to issue a new memorial coin?
今度、記念硬貨が発売されるの知ってる?

雑談フレーズ

SITUATION・2
健康に役立つ小ネタ

My grandmother always said "laughter is the best medicine."

私の祖母が「笑うのが一番の薬だよ」って言っていました。

It's true that taking green tea helps fight cavities.

緑茶には虫歯を予防する効果もあるんだって。
※ cavities（複数）：虫歯

I eat lots of fruit because I heard an apple a day keeps the doctor away.

一日1個のりんごは医者いらずって聞いて、
私はよくフルーツを食べているんです。

The best way to prevent disease is to sleep properly.

病気予防に一番いいのは十分な眠りです。

A Japanese proverb is "Laugh and grow fat."
日本のことわざに「笑う門には福来る」というのがあります。

The options for cancer treatment are increasing all the time.
ガンの治療には、日々選択肢が増えています。

It's often said that Japanese people go to the doctor a lot.
日本人は医者によくかかると言われています。

Eating brown rice helps you lose weight.
玄米はダイエットに効果があるのよ。

What do you think of treatments like Chinese medicine?
漢方医療をどう思いますか?

Rule 13.

空気を変える
「魔法のひとこと」

雑談がシラけてしまったとき その場から逃げていませんか?

…(沈黙)

…(沈黙)

「誘い言葉」で話題を変える

　日本人同士でもそうですが、雑談はいつも楽しく終えられるわけではありません。話のキャッチボールがうまくいかずにシラけたり、話題がなくなって沈黙が続いたり、ちょっとしたことで相手を落ち込ませて、空気が重苦しくなることもあります。共通の悩みを話しているうちに、ネガティブなスパイラルに陥ることもありますよね。

　そんなときは、「あ、そういえば……」と、**話題を変えたりそらしたりして、自分から空気を変えてみましょう。**あからさまになってしまっても、相手も重苦しい空気から抜け出したいと思っているので、応じてくれるでしょう。

空気を変える会話例……

> ....（沈黙）

負のムードを変える方法は万国共通

　日本人同士でも効果的な方法なのでご存知の方もいらっしゃるかもしれませんが、「お茶でも飲みに行きませんか?」と移動を促したり、「あっ、ニュースの時間だ。ちょっと見ていいですか?」と、ほかのことに意識を向けさせると重苦しい空気を変えることができます。
「英語で」と思うと忘れがちですが、コミュニケーションの基本は万国共通。英語で言えるか否かなのです。

…（沈黙）のあとの気の利いたひとこと

▶ **Oh, that reminds me....**
ああ、それで思い出した……。

▶ **Oh, are you thirsty?**
ねえ、のどが渇きませんか？

▶ **Ah, it's almost time for the news. Shall we watch it?**
あっ、ニュースの時間だ。見てみませんか？

▶ **About our conversation the other day....**
先日の話ですが……。

キーワードは「場所」「視点」「個人的な話」

　相手の意識を別の方向へ向ける簡単な方法は、場所や視点を変えることと、個人的な話を切り出すこと。ニュースなどの一般的な話題では相手の意識は簡単に戻ってきてしまうので、相手に「何だろう？」と思わせましょう。About our conversation the other day...（先日の話だけど……）とがらっと話題を変えたり、目についたものについて話をふってみるのも手です。

✖ NG会話（残念な会話例）

> 外国人：**Hmm... What should I do...?**
> やっぱり……どうしたらいいかな……?
>
> 日本人：**Ahh, I should say something....**
> う〜ん。私も何と言ったらいいか……。
>
> 外国人：**Yeah, it's no good....**
> やっぱり、ダメですかね……。
>
> 日本人：**No, it's not no good....**
> いや、ダメなわけじゃなくて……。
>
> 外国人：**But didn't you say it was difficult?**
> でもあなた、難しいって言ったじゃない？
>
> 日本人：**Ahh....**
> ああ……。

英語が出ないからと黙り込んでは逆効果

　「どうしたらいいんだろう……」と落胆した外国人につられて「う〜ん」となる日本人。この日本人が相手を落胆させたわけではないですが、うまくなぐさめることができなかったため、かえって深刻なムードになったようです。一緒になって落ち込んでしまいました。
　こんなときに気の利いたひとことをかけられたら、空気を変えることができたでしょう。

○ OK会話（マネしたい会話例）

外国人：**Hmm... What should I do...?**
やっぱり……どうしたらいいかな……？

日本人：**Hey, are you thirsty? There's a great cafe nearby. Let's go have some tea.**
ねえ、のどがかわいてませんか？ 近くにステキなカフェがあるので、お茶しましょう。

外国人：**Now you mention it, I do feel like something sweet.**
そういえば、ちょっと甘いものでも食べたくなりました。

日本人：**Exactly, your brain needs some sugar!**
そうそう、脳にお砂糖は必要ですよ！

ちょっとしたひとことで空気が変わることも

「ねえ、のどが渇かない？」と視点を変えることで、ネガティブな空気にのまれることなく話題を変えることに成功する例です。このひとことで相手は自分が疲弊していることに気づき、自分から甘いものを欲するようになります。

さらに、ステキなカフェがあるという情報も得て、興味がそちらに移っています。このように、**落ち込んでいる人の気持ちを転換させる情報を提供できたら最高ですね。**

雑談フレーズ

SITUATION・1
がらっと話題を変える

Ah, there's something I've been meaning to ask you.
あっ、聞きたいことがあったんだ!

Oh, something just came up to me!
あ、今思いついたんだけど!

By the way, I just remembered something important.
ところで、重要なことを思い出したんだけど。

What did you want to ask me the other day?
先日私に頼みたいことって何だったっけ?

I completely forgot what I wanted to tell you.
言おうと思ってたことすっかり忘れてたけど。

About our conversation the other day....
先日の話ですが……。

About Mr. Haagen....
ハーゲン氏についてですが……。

What did you say about your dream?
あなたの夢に関して何て言ったの?

Are you talking about the IT industry?
IT産業のことをおっしゃってる?

雑談フレーズ

SITUATION・2
場所や視点を変えてみる

Did you realize that you can see ABC tower from here?

ここからABCタワーが見えるの、気づいた?

....

Hey, the gallery is going to close in 10 minutes. Let's hurry!

あと10分でギャラリーが閉まっちゃうよ。急ごう!

....

Well, didn't you talk about your marriage the other day?

ねえ、この間結婚するとか言っていなかったっけ?

....

Now that you mention it, I am a little hungry.

お気づきのように、少しお腹がすいています。

Ah, that's right! I heard some interesting gossip recently.
そうだ！　最近面白いウワサを耳にしたんだ。

Hey, are you cold? I'll close the window.
ねえ、寒くない？　窓をしめてあげる。

Let's talk about something more positive.
明るい話題にかえましょう。

Oh look, here comes Ms. Jones!
ほら見て！　ジョーンズさんが来るよ。

Wow, did you see that sports car that just drove past!?
わあ！　今通ったスポーツカー見た!?

Rule 14.

相づちで、相手の話をどんどん引き出す

相手の話にうなずくとき uh-huh ばかり使っていませんか?

> I took the Japanese Kentei.

> Uh-huh.

相づちのバリエーションを増やしましょう

　日本語の相づち表現が豊富なように、英語にもうなずき表現がたくさんあります。たとえば、間投詞だけでもOh!（えー!）、ah（ああ）、wow（わあ）、huh（へー）、uh-huh（ふうん）、phew（ふう）などがあり、ほかの品詞も含めるとかなりの数で、相手の話を聞いているときの気持ちを表すことができます。

　さらに口語ならではの表現の豊かさもあります。長く伸ばしたWhaaat?（えええー?）や、Ugh（げっ）を始め、well（うーん）やYes and no.（さあ、どうかな）などの表現であいまいな気持ちも表現できます。

うまい相づちの会話例……

> **I took the Japanese Kentei.**

uh-huh などの間投詞以外の相づち表現

　間投詞で感情を表現したあとは、**相手の話を要約する「オウム返し」を行うと、相手に「ちゃんと聞いてくれている」という安心感を与えたり、相手のメッセージが明確になり、誤解を防ぐことができます**。相手が話したことと同じ言葉を繰り返すだけでも、抑揚のつけ方でニュアンスが変わったり、表現のバリエーションが広がることがあるので、会話のキャッチボールがしやすくなりますよ。

> **uh-huh 以外の気の利いたひとこと**
>
> ▶ **You took it? When?**
>   受けたんだ? いつ?
> ▶ **You're great! Good for you!**
>   えらいね! またうまくなるよ!
> ▶ **That's really something!**
>   たいしたもんだね!
> ▶ **Wow, how was it?**
>   わあ、どうだった?
> ▶ **That's amazing!**
>   それはすごいや!

単語だけではなく文章でも驚きや同調を表して

　間投詞で感情を表現するだけではなく、文章でも驚きや同調を表せるようになると、相手はあなたのことを「ノリがよい人」だと感じ、どんどん話をしてくれるでしょう。

　難しいコメントをする必要はありません。**Wow,** と驚いたあとに、**amazing**（すごい）や **great**（えらい）や **how was it?**（どうだった?）などの**ひとことフレーズをプラスするだけでOK**です。意外と簡単ですよね?

✖ NG会話 (残念な会話例)

外国人: **I took the Japanese Kentei.**
日本語検定を受けたんだ。

日本人: **Uh-huh.**
ふうん。

外国人: **... I passed Level Two by luck.**
……2級に合格したのはまぐれかな。

日本人: **No....**
いや……。

外国人: **Are you listening to me?**
僕の話、聞いてる?

リアクションが薄いと嫌われてしまうことも

　下手な相づちを打つと、トークが尻すぼみになってしまうという会話例です。外国人は検定試験に合格したことを伝えたくてハイテンションで話しかけたのに、日本人が **Uh-huh.**（ふうん）と言ったきり何も聞いてこないので、興ざめしてしまいます。さらに「**by luck**（まぐれ）だったのかな」と自虐トークの流れに持っていっても反応が **No.**（いや）だけでは、誰だって悲しくなりますよね。

◯ OK会話（マネしたい会話例）

> 外国人：**I took the Japanese Kentei.**
> 日本語検定を受けたんだ。
>
> 日本人：**Wow, which level? How was it?**
> わあ、何級？　どうだった？
>
> 外国人：**I passed Level Two. I think it was just lucky.**
> 2級に合格したよ。まぐれかな。
>
> 日本人：**No way! It was the result of all your hard work! Congratulations!**
> 冗談じゃない！　もちろん君の努力の成果だよ！　おめでとう！
>
> 外国人：**Thank you! I'm happy you said that.**
> ありがとう！　そう言ってくれてうれしいよ。

間投詞で感情を表したあとに文章を続けて

　日本語検定を受けたと聞いて「わあ、何級？　どうだった？」と大きなリアクションをとった日本人。その反応を見て、外国人は謙そんしつつも「合格した」と話し始めます。**驚きや喜びを瞬時に英文にすることが難しい場合は、最初にwowやno wayで感情を伝えて「間」をつないで、そのあとに続ける文章を考える時間をかせぎましょう。**上手なリアクションは交流をより深めてくれます。

雑談フレーズ

SITUATION・1
驚きを伝えるリアクション表現

Wow! Is that true?
わあ！ 本当に？

Wow! That's amazing!
やった！ それはすごいや！

Whaaat? How did that happen?
えええー？ なんでまたそんなことになったんです！

Yay, I'm so glad to hear that.
おめでとう、私もうれしいよ。

Really!? That's terrible!
まじで!?　ひど過ぎだよ!

Yeah, naturally!
ひゃー、そりゃそうだよ!

Huh!? I can't believe it!
え!?　信じられない!

Ugh, they canceled again!
げっ、またキャンセルされたの!

Ah, that's just like George!
ああー、さすがジョージだ!

雑談フレーズ

SITUATION・2
相手に寄り添って同調する表現

I agree! I feel the same way.
同感！ 私も同じ気持ちだよ。

That's right. I completely understand.
そうだよね、わかるわかる!

Yeah, that was his fault.
そうそう、それって彼のせいよ。

Indeed, that's what I would have done too.
本当に私だってそうするよ。

I see. I think you made the right decision.
わかるわかる。君の選択は間違ってないよ。

You can't be blamed at all.
あなたに落ち度は全くないよ。

I couldn't have said it better myself.
あなたみたいにうまく言えれば良かった。
（私も同じ考えです）

If he's a liar, you were right to dump him.
彼がウソつきなら、彼をクビにするのは当然です。

Quitting your job was the right choice.
仕事を辞めて正解だったね。

雑談フレーズ

SITUATION・3
自分の意見を交える リアクション表現

That's not your problem.
あなたには関係ないよ。

You shouldn't worry about it.
ぜんぜん気にすることないって。

You're overthinking it.
考え過ぎだよ。

How about trying this school?
この学校に挑戦してみたら?

Let's leave that until tomorrow.
それは明日考えよう。

I think things will go your way from now.
これからいいことが続くと思うよ。

You should sleep on it.
その件は一晩ほうっておいたら?

Try to look on the bright side.
ポジティブに考えようよ。

Tomorrow is another day.
明日は明日の風が吹く。

Rule 15.

会話をどんどん拡げる「3A」メソッド

大きくリアクションしていれば
OKだと思っていませんか?

> It looks like Stephanie is going to be a lawyer.

> Oh!

相づちを打つだけではしらけムードに

　会話の相手が誰かのウワサや近況について話を始めたとき、「ふうん」「あっそう」と相づちを打っているだけでは話題が広がらず、話は続きません。
日本語での会話でも相手が「へー」としか言わないと、
「この話には興味がないのかな?」
「不愉快なのかな?」
「私と話したくないのかな?」
と心配になってしまいますよね?
　そんなときに役立つのが、会話が弾む「3Aメソッド」。興味を広げることで雑談を深めるテクニックです。

ウワサ話の会話例……

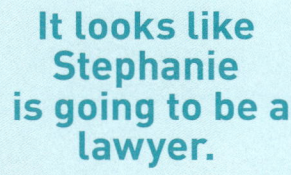

> It looks like Stephanie is going to be a lawyer.

秘技「3A メソッド」とは？

3AメソッドのAとは、Aがつく動詞、Assume（〜だろうと思う）、Admire（〜を尊敬する）、Ask（意見を求める）のこと。「じゃあ、これは？」「あなたは？」「私はこうです」「〜じゃないかな？」と、**相手の意見や感想を上手に引き出しつつ自分の意見を盛り込む方法です。**

「うっかり自分の意見を言って対立したくない」と、話を持っていく方向に悩んだときにもとても便利ですよ。

Oh! のあとの気の利いたひとこと

▶ **Assume:**
Oh! It seems like she's a hard worker.
へえ！ 彼女は努力家なんでしょうね。

▶ **Admire:**
I really look up to her!
尊敬しちゃうなあ!

▶ **Ask:**
I wonder what kind of lawyer. Do you know?
専門はどんな分野なのかな。知ってる?

相手の出方を伺いつつ会話を広げる3つのA

　3つのAのAssumeは、**わずかな情報から推測する**ということ。「弁護士を目指している」と聞いて「努力家なのね」とポジティブな連想をすることです。Admireは、**自分が尊敬する人のことを話して、あなたの人となりを伝える**こと。それに対して感想や意見を交換することで話が広がります。**Askは質問ではなく、何かを提起する**ということ。自分の意見を織り交ぜて話を広げられるといいですね。

✖ NG会話（残念な会話例）

外国人：**It looks like Stephanie is going to be a lawyer.**
ステファニーは弁護士に
なろうとしているみたいだね。

日本人：**Oh, really?**
へえ、ホント？

外国人：**Yes, she's studying at home every day.**
うん、毎日家で勉強しているって。

日本人：**Ah, is that right?**
へえ、そうなの？

外国人：**...Seems like you're not really interested in her.**
……彼女のこと興味ないみたいだね。

小手先で表現を変えるだけでは微妙な空気に

　外国人が、日本人との共通の友人に関して「ステファニーは弁護士になろうとしているみたいだね」と話します。日本人は、**Oh, really?** や **Ah, is that right?** と、「本当に？」の表現を変えて驚きを表したものの、そのあとに続ける言葉が出なかったため、リアクションがイマイチだと受け取られてしまいます。「興味なさそうだね」と相手がつぶやくのも無理はありませんね。

⭕ OK会話（マネしたい会話例）

外国人：**It looks like Stephanie is going to be a lawyer.**
ステファニーは弁護士に
なろうとしているみたいだね。

日本人：**Wow! Really? I wonder what kind of lawyer. Do you know?**
へぇ！　そうなの？
専門はどんな分野なんだろう。知ってる？

外国人：**I think an immigration lawyer.**
移民に関する弁護士になるみたいだよ。

日本人：**I see! I guess she wants to help others because she had a hard time herself.**
なるほど！　彼女自身苦労したから、
人のために働きたいんだろうね。

相手から話を引き出して、会話を広げましょう

　ここでも、ウワサを聞いて日本人は驚きましたが、容易でないことにチャレンジする友人の話に「専門はどんな分野なんだろう？」と相手に質問を投げたり、I guess ... と推理して話題の人物をほめて、相手からさらなる情報を引き出すことで会話に広がりが見えます。

　この場合は友人の事情を知っているので、assumeに比べて個人的な考えを話すguessを使っています。

雑談フレーズ

SITUATION・1
Assume:
いいウワサをする

I heard you were in a marathon! How did you do?
マラソンに出たらしいね！　どうだった?

Someone said you're a good tennis player.
あなたはテニスがうまいってウワサですよ。

Someone mentioned that you speak Spanish.
スペイン語が得意だそうですね。

Linda said you have a cute dog.
かわいい犬を飼っているってリンダに聞きましたけど。

I heard a rumor that you're an artist!
あなたがアーティストだってウワサで聞いたよ!

....

A little bird told me that we have a friend in common.
風のウワサで聞いたけど、
私たち共通の友達がいるそうじゃない。

....

Is it true that Hiro lived in London?
ヒロがロンドンに住んでいたって本当?

....

Nana is in a band, isn't she? That's what someone said.
ナナはバンドやっているの?　誰かが言っていたよ。

....

People say you do a lot of traveling.
ウワサによると、あなたって旅好きらしいね。

雑談フレーズ

SITUATION・2
Admire：
尊敬する

I admire your decisiveness.
あなたの決断力に敬服します。

....

I really look up to Dr. King.
私はキング牧師を尊敬しています。

....

I'm inspired by Gandhi.
私はガンジーに影響を受けました。

....

My teacher taught me the importance of kindness.
先生に思いやりの大切さを教わりました。

I learned a lot from my grandmother.
祖母からいろいろなことを学びました。

I respect my mother. She always encourages me.
私は母を尊敬しています。
母は私を励ましてくれるからです。

I really cherish my family.
私は家族をとても大切にしています。

I want to be just like my dad.
私は父のような人間になりたいです。

Ms. Miller is so kind to everyone. I wish I could be like that.
ミラーさんは誰に対してもとても優しい人です。
私もそうなりたいです。

雑談フレーズ

SITUATION・3
Ask:
意見を聞く

Tell me what you think about the prime minister.
首相についてあなたの意見を聞きたいです。

....

What would you do if you won the lottery?
宝くじにあたったらどうする?

....

What's your opinion on the recent immigration problem?
最近の移民問題に関してどう思いますか?

....

Who do you think will be the next US president?
次期米国大統領は誰になると思います?

Where do you think the next Olympics will be held?
次のオリンピックはどこで開催されると思う?

Are you concerned about natural disasters?
自然災害に関して心配していますか?

How do you feel about the plan to raise taxes?
増税案について、どう思いますか?

Are you worried about global warming?
地球温暖化を憂慮していますか?

What do you think about his scandal?
彼のスキャンダルについてどう思いますか?

Rule 16.

いやーな空気は
ポジティブに

相手が放つネガティブな感情に つられていませんか?

> My boss is so mean!

> Really?

グチや悪口でよい人間関係は築けません

　得てして人の会話はネガティブになりがちです。笑いをとるつもりで仕事や家庭のグチを話したら、誰かの悪口に発展してしまった経験はありませんか？　その場ではストレス発散になり、打ち解けた空気になるかもしれませんが、性格が悪い人だと思われたり、悪口がまわりまわって本人の耳に入るリスクもあります。そのため、ネガティブな話題に傾きかけたら、ストップする工夫が必要です。

　とはいえ、相手の話を無視したり、急に話題を変える必要はありません。**ちょっとしたテクニックがあれば、相手にいい印象を与えつつ流れを変えることができます。**

流れを変える会話例……

> **My boss is so mean!**

相手の気持ちに寄り添いつつ話題を変えて

　人がネガティブな話をするときは、嫌な目にあっていたり、困っている場合が多いかと思います。ただ聞き流してその場しのぎでやり過ごしていると「信頼がおけない人」だと思われてしまうので、自分は相手の味方だというスタンスで軌道修正する会話ができるように練習しましょう。
　相手が弱っていたり怒っているときは、相手の気持ちに寄り添った言葉をかけてあげることがポイントです。

Really? のあとの気の利いたひとこと

- **Tough, isn't it?**
  それはしんどいですね。
- **I really feel for you.**
  お察しします。
- **You'll get through this.**
  あなたならきっとやりとげると思う。
- **We're all supporting you.**
  私たちがついているよ。
- **You did nothing wrong.**
  君は何にも間違ってないよ。

怒りや悲しみのガス抜きをする同調フレーズ

相手が弱っているときは、何がその人を困らせているのかを探りましょう。その気持ちに同調した上で励ましの言葉をかけて、その人の良い部分を引き出してあげてください。**相手が怒っている場合は、相手の気が済むまで話を聞いて、相手が不満に感じている部分に共感しましょう。**ただし、相手の怒り以上に同調しないで。わざとらしくなったり、怒りの主があなたになってしまいますよ。

✖ NG会話（残念な会話例）

> 外国人：**Last week, my boss called me up late at night.**
> 先週、夜遅くに上司に呼び出されたんです。
>
> 日本人：**What, why? That's terrible!**
> えっ、なんで？ ひどい話だね！
>
> 外国人：**It really annoyed me! He just wanted me to listen to his presentation. I could have done that the next day!**
> ホント頭にきたよ！ 彼のプレゼンの練習につき合ってほしいって。翌日でも良かったのに！
>
> 日本人：**If it happens again, just hang up the phone!?**
> 今度かかってきたら、電話切っちゃえば!?

「感情」ではなく「話題」に同調して

　相手のグチに強く同調したせいで相手の怒りが増幅してネガティブな会話から抜けられなくなってしまった例です。さらに、「今度かかってきたら、電話切っちゃえば!?」とたきつけてしまったことも失敗です。もし、あなたの言葉が上司の耳に入ったら「あなたが」反抗的な部下だと思われてしまいます。**相手の話に同調することはいいのですが、相手の感情に乗ってしまうのは良くありません。**

⭕ OK会話（マネしたい会話例）

> 外国人：**Last week, my boss called me up late at night.**
> 先週、夜遅くに上司に呼び出されたんです。
>
> 日本人：**What, was it something important?**
> えっ、緊急な用事があったの？
>
> 外国人：**He just wanted me to listen to his presentation.**
> 彼のプレゼンの練習につき合ってほしいって。
>
> 日本人：**That sucks! That's a bit too much, isn't it?**
> わあ、きつい！ それはちょっとやり過ぎだね。
>
> 外国人：**Well, I'm the project leader, so I guess it's my job.**
> まあ、僕はプロジェクトリーダーだから、それも僕の仕事かもね。

不満や怒りを上手に聞き出せば相手もスッキリ

　こちらは**相手の感情に引きずられることなく、落ち着いて相手の状況を尋ねています**。ここがポイントです。

　まず状況を聞いたこと、そして反応の仕方が大き過ぎず冷静だったこと、その上で相手が不平不満を存分に話す時間を与えたことで、相手はクールダウンしています。

　上司が相手のことを認めているという意見も加えて、相手をポジティブな気持ちにできたら最高ですね。

雑談フレーズ

SITUATION・1
怒っている人に同調するひとこと

I agree, what he did was terrible.
全くですよ、彼のしたことはひどい。

....

I'd be angry at her too.
私も彼女に怒りを覚えますよ。

....

What he said was totally unnecessary.
彼が言ったことは全く意味のないことです。

....

You're absolutely in the right.
どう考えてもあなたが正しい。

You did the right thing.
君は何にも間違ってないよ。

I really sympathize with you.
本当にお気の毒に思ってます。
※sympathize：同情する

I can't believe he could be so thoughtless!
彼がそんなに浅はかなんて！

It was all their fault!
全く先方のせいだよ！

She'll get her just deserts.
それって彼女の自業自得でしょ。
※get just deserts：自業自得

雑談フレーズ

SITUATION・2
弱っている人を励ますひとこと

I know you worked really hard.
よくやったのに。

....

You must be sick of it.
嫌になりますよね。

....

I would've given up already.
私ならとっくにあきらめてますよ。

....

That's pretty rough.
ひどい話だ。

I know how you feel.
あなたの気持ち、わかりますよ。

Let me know if I can do anything to help.
何か手伝えることがあれば言ってください。

I know exactly what you're going through.
あなたが何に尽力しているか、よくわかっています。

You can do it!
あなたならきっとできるよ!

Just remember I'm always on your side.
私が味方だってこと忘れないでね。

Rule 17.

連想ゲームで、会話を盛り上げ拡げる

「へー」「いいね」ばかりで会話を止めていませんか?

> I visited Osaka last week.

> Oh, that's nice.

連想ゲームの感覚で話題を広げましょう

　比較的簡単で楽しく話題を広げる、とっておきの方法があります。**連想ゲームの要領で相手が言ったキーワードを受けて「〇〇といえばXX」と会話をつなげるテクニック**です。「春といえばお花見」という感じで、イメージしたものをどんどん話しかけてみましょう。

　「連想しながら英訳していたら沈黙してしまう」という方は、まずはいいリアクションをとってください。Wow! Great! Gorgeous! などの**感嘆詞をフル活用して、考える時間を作りましょう**。そして、キーワードから連想したものについて話題をふってみてください。

連想ゲームの会話例……

> I visited Osaka last week.

話が弾む連想ゲームにはルールがあります

　連想ゲームで会話をする際は、**相手が話したいであろう話題をふって、伏線を貼ってあげると良いでしょう。**

　逆に、**相手が知らなそうなトピックについて話しても面白いかもしれません。**王道から外れた情報を提供することで、「それは思いつかなかった。次回はやってみよう」「詳しく教えて」と、会話が盛り上がる可能性もあるからです。ただし、自慢話にならないように気を付けて。

Oh, that's nice. のあとの気の利いたひとこと

▶ **I love Osaka!**
僕、大阪大好きなんだ!

▶ **Talking about Osaka, did you go to USJ?**
大阪だったらUSJ行った?

▶ **Everyone who goes to Osaka has to try it!**
大阪に行くならはずせないよね!

連想するコツは「空間軸」と「時間軸」

　イメージをふくらませるコツは、**空間軸をのばすことと、時間軸を変えること**。空間軸とは「〇〇に行ったなら〜を見た?」と、場所を中心に話をちょっと変えることです。「〇〇が好きなら〜がおすすめ」と提案する際にも便利な方法です。時間軸を変える方法は、〇〇をキーワードにして相手の思い出を引き出したり、未来の夢を尋ねること。**キーワードから連想して、話題をつなげていきましょう。**

✖ NG会話（残念な会話例）

外国人：**I visited Osaka last week.**
先週大阪に行って来たんだ。

日本人：**Oh, that's nice.**
ああ、それは良かった。

外国人：**I went to USJ and had lots of delicious food.**
USJに行ったし、
おいしいものもたくさん食べたよ。

日本人：**I see.**
そうだろうね。

外国人：**Am I boring you?**
私の話、つまらない?

リアクションをとるだけでは足りません

　旅行の土産話を始めようと思ったのに、**Oh, that's nice.**（ああ、それは良かった）としか相手が返事をしてくれなかったら「この話には興味がないのかな」と思いませんか？　どう会話を盛り上げたらよいかわからないからと受け身の姿勢で会話をしていると、「何にも興味がないんだ」「つまらない人」と思われてしまいます。**リアクションだけでなく、それに続くひとことが大切なのです。**

◯ OK会話(マネしたい会話例)

> 外国人:**I visited Osaka last week.**
> 先週大阪に行って来たんだ。
>
> 日本人:**Oh, I love Osaka!**
> **Did you try okonomiyaki?**
> わあ、大阪大好き! お好み焼きは食べた?
>
> 外国人:**Of course! I ate lots of**
> **delicious food!**
> もちろん! おいしいものをたくさん食べたよ。
>
> 日本人:**Everyone who goes to Osaka**
> **has to try it!**
> 大阪に行くならはずせないよね!

リアクションのあとのひとことはスピード勝負

　Oh, とリアクションをとったあとは、I love Osaka!(大阪大好き!)などの簡単なひとことでもいいのです。**何か言葉を続けると、相手も話を進めやすくなるからです。**

　また、「おいしいものを食べた」と聞いてすぐに具体的な食べ物について尋ねたスピード感もポイントです。

　人は、雑談のリズムから瞬時に相手のセンスを判断するもの。どんな会話にも柔軟に対応できるよう心がけて。

雑談フレーズ

SITUATION・1
空間軸：場所から連想

Hiro moved to US? If you could live in another country, where would you go?

ヒロは米国に移住したの?
もし移住するなら、あなただったらどの国に行く?

....

Your brother's studying in New York? He must be studying dance, right?

お兄さんがニューヨークに留学?
じゃあダンスの修行でしょう?

....

Ah, that reminds me of when I studied abroad in London.

あ、それで思い出したけど
私もロンドンに留学していたの。

....

You like to travel? Of all the countries you've been to, which do you like best?

旅が好きなの?
今まで行った国で一番好きな場所はどこですか?

Oh, you went to Shizuoka? Did you get a good view of Mt. Fuji?
静岡に行ったんですか？　富士山がよく見えたでしょう？

....

Talking about ukiyoe, A gallery has some really special works.
浮世絵なら、A画廊に行けば逸品が見られるよ。

....

Oh, you were in Kyoto for a week? Did you go to Nara as well?
京都に一週間いたの？　だったら奈良にも行った？

....

You really like meat, don't you! Let's go to a sukiyaki restaurant!
お肉が好きなんですね！
では、おいしいすき焼きのお店に行きましょう！

....

That's a perfect excuse. Let's go get a beer!
いい口実ができた。ビール飲みに行こう！

雑談フレーズ

SITUATION・2
時間軸：過去と未来を連想

By the way, do you remember what happened this time last year?
ところで、去年の今頃何が起きたか覚えてる?

....

Ah, this song is so nostalgic. What was your favorite song?
あ、この曲すごく懐かしい。
あなたはどの曲が好きだった?

....

What cartoon characters did you used to like?
アニメキャラと言えば、昔は何が好きだった?

....

Speaking of studying abroad, how old were you when you came to Japan?
留学の話で思い出したけど、あなたが日本に来たときはいくつだったの?

That's when you came to Japan? That's the same year Michael died, isn't it?

その年に日本に来たの?
マイケルが亡くなった年だよね?

....

Look at this news! Have you ever considered starting your own business?

このニュース見た? 君は自分でビジネスを立ち上げたいと思う?

....

Is that project a five-year plan? What do you think you'll be doing in five years?

あのプロジェクトって5か年計画なの?
5年後あなたは何してると思う?

....

Speaking of dreams, what's your dream job?

夢と言えば、あなたはどんな仕事をしたいの?

....

Next year is your silver wedding. Do you have any plans?

来年はあなたの銀婚式だね。何かプランある?

Rule 18.

インタビュアーになりきって、雑談をワンランクアップ

「わー」「すごい」を連呼して会話が終わっていませんか？

> I got my dog grooming license!

> Wow!

相手の得意分野を探って自慢話を引き出す

　相手をほめることは会話の流れを良くします。ほめられると気持ちが良くなり、人は潤滑に話をしたくなるからです。そこで、**ただほめるよりももっと効果的な「相手をエキスパートとして扱う」**テクニックをご紹介します。

　ほめるテクニックは場の空気を温めてくれますが、相手をエキスパートとして扱うテクニックは、**楽しく会話ができるだけでなく聞き手にとっても知識が広がり、有意義な時間を過ごすことができます**。こちらの知らないことや到達できないことを指摘することで、相手はさらなる情報を提供してくれますよ。

インタビュー風の会話例……

> I got my dog grooming license!

アドバイスをもらうつもりで質問しましょう

　相手から自慢話を引き出すには、いくつかの方法があります。**もし相手が資格や賞を持っていたら話題にするのは比較的簡単です。**それに関する話を聞きましょう。

　資格や偉業がない人の場合は、**仕事や趣味などの専門分野からアドバイスを請いましょう。**人は何かに詳しいはずですから、それを引き出すことは可能です。それこそが相手にとっては自慢話となるのです。

Wow! のあとの気の利いたひとこと

- **Are you going to open a shop?**
  お店を開くご予定はありますか?
- **Where will you open the shop?**
  お店はどこに出すご予定ですか?
- **Any plans?**
  今後のプランはあるの?
- **How did you feel when you passed?**
  合格したとき、どんな気持ちでした?

インタビュアーに徹するのもひとつの手です

　アドバイスをもらうには適さない話題もありますよね。たとえば、最近結婚したというニュースについて。聞き手が既婚者だった場合、アドバイスを求めたら白々しくなってしまいます。**そんなときはインタビュアーに徹してみましょう。**Where did you go on your honeymoon?（ハネムーンはどこに行ったの?）なんて聞けば、旅の話から話題が広がるかもしれませんよ。

✖ NG会話（残念な会話例）

日本人：**Did you say that you got your dog grooming license?**
あなたはトリマーの資格をお持ちなんですって？

外国人：**Yes, I got it last month.**
はい、先月取得したんです。

日本人：**I see, that's great.**
そうですか、良かったですね。

外国人：**Thank you.**
ありがとう。

日本人：**Good luck.**
頑張ってください。

外国人：**....**
……。

「良かったね」では、突き放した印象に

「成功を祈っています」と応援するつもりで Good luck. と言ったら微妙な空気に。これは「（無理だろうけど）幸運（luck）に恵まれればできるだろう。だからその幸運を私は祈っている」というニュアンスに受け取られてしまったから。Good luck. の使い方は微妙なので気を付けて。

また、トリマーは和製英語で英語では groom（身づくろいする）が語源の groomer と呼ばれるので注意して。

○ OK会話（マネしたい会話例）

日本人：**Did you say that you got your dog grooming license? Are you going to open a shop?**
あなたはトリマーの資格をお持ちなんですって？
お店を開くご予定はありますか？

外国人：**Yes, I got it last month and I'm planning to open a shop sometime next year.**
はい、先月取得したので、
来年には店を出すつもりです。

日本人：**Oh, that's exciting!**
おお、それは楽しみですね！

相手の気持ちを想像して質問しましょう

　インタビューの基本は、相手の立場になって質問すること。そこで、資格を取ったということはビジネスを目的としていると考え、「お店を開くの？」と聞いています。
　相手の話を引き出すコツは、聞き上手になることです。英語力に自信がなければ、難しい質問を考える必要はありません。たったひとこと**Any plans?**（なにか予定はあるの？）と聞くだけでも、相手の話が引き出せますよ。

雑談フレーズ

SITUATION・1
インタビュアーに徹する

What did you think the secret to a best-selling product is?

ヒット商品を発明する秘けつは何ですか?

**I like your hair!
Where did you have it done?**

ステキな髪型ですね!
あなたが行ったサロンを教えてもらえますか?

**This is your first time in Japan?
How are you finding it?**

初めての日本ですか? 日本の印象はどうですか?

Becoming a parent is an amazing feeling, isn't it?

親になった気持ちは素晴らしいでしょう?

For you, what's the best thing about scuba diving?

あなたにとってスキューバダイビングの
一番いいところは何ですか?

You got transferred? How's your new workplace?

異動になったんですね?
新しい職場はどうですか?

It's great that you got sponsored. Was it difficult?

スポンサーがついて良かったですね。
大変ではなかったですか?

You did a good job! Where did you get this information?

素晴らしいリサーチですね!
どうやってこの情報を得たんですか?

You must have been so happy when you won first prize.

一等賞をもらったときはうれしかったでしょう?

雑談フレーズ

SITUATION・2
相手の評判を伝える

I heard your TOEIC score is over 950!?
950超えのTOEICスコアをお持ちなんですって!?

You really have a license to fly private planes? That's amazing!
自家用機の操縦資格を持っているって本当?
それはすごい!

I heard that you're a pro in the kitchen!
料理がプロ級の腕前だって聞きましたよ。

Wow, you were a star pitcher in college?
すごいね、大学時代に名ピッチャーだったの?

You must have a lot of fans!
あなたのファンはたくさんいるでしょ！

....

I heard that you won the company bowling tournament!
社内のボーリング大会で優勝したそうですね！

....

You're a hands-on father?
あなたはイクメンなんですって？
※a hands-on father：イクメン

....

Wow, you went on a transcontinental trip?
わー！　大陸横断したことがあるの？
※transcontinental trip：大陸横断

....

Is it true that you're the coach of a kid's baseball team?
子どもたちの野球のコーチなんですって？

```
mini版
会話がとぎれない
```
英語の雑談18のルール

発行日　2016年3月1日　第1刷

著者　　　　デイビッド・セイン

デザイン	細山田光宣＋南彩乃（細山田デザイン事務所）
イラスト	鈴木衣津子、中野きゆ美
編集協力	有坂ヨーコ（A to Z）、泊久代
校正	中山祐子
編集担当	舘瑞恵
営業担当	熊切絵理
営業	丸山敏生、増尾友裕、石井耕平、菊池えりか、伊藤玲奈、綱脇愛、櫻井恵子、吉村寿美子、田邊曜子、矢橋寛子、大村かおり、高垣真美、高知知子、柏原由美、菊山清佳、大原桂子、矢部愛、寺内未来子
プロモーション	山田美恵、浦野稚加
編集	柿内尚文、小林英史、杉浦博道、栗田亘、片山緑、澤原昇、辺土名悟
編集総務	鵜飼美南子、高山紗耶子、高橋美幸
メディア開発	中原昌志、池田剛
講演事業	斎藤和佳、高間裕子
マネジメント	坂下毅
発行人	高橋克佳

発行所　株式会社アスコム

〒105-0002
東京都港区愛宕1-1-11　虎ノ門八束ビル
編集部　TEL：03-5425-6627
営業部　TEL：03-5425-6626　FAX：03-5425-6770

印刷・製本　株式会社光邦

© AtoZ Co.,LTD　株式会社アスコム
Printed in Japan　ISBN 978-4-7762-0901-0

本書は著作権上の保護を受けています。本書の一部あるいは全部について、
株式会社アスコムから文書による許諾を得ずに、いかなる方法によっても
無断で複写することは禁じられています。

落丁本、乱丁本は、お手数ですが小社営業部までお送りください。
送料小社負担によりお取り替えいたします。定価はカバーに表示しています。